この時代に投資家になるということ

正田圭

JN184076

星海社

134

SEIKAISHA SHINSHO

はじめに　『金持ち父さん　貧乏父さん』を15歳の時に読んで学んだこと

人生観を変えるような出来事というものは、そんなに頻繁にあることではありませんが、確かに存在します。僕は、15歳の時に『金持ち父さん　貧乏父さん』（ロバート・キヨサキ、シャロン・レクター共著、白根美保子《しらねみほこ》訳、筑摩書房）という本を読み、投資という概念に出会ったことで、大きく人生が変わりました。

それまで僕は、「普通の中学生」であり、部活もするし、テスト勉強もするし、本当に「普通」の学生生活を送っていました。学校で良い成績をおさめ、良い大学に入り、将来は弁護士になって高い収入を得ながら安定して暮らせればよいな……そんなことを普通に考えていました。

でも、『金持ち父さん　貧乏父さん』に出てきた登場人物たちの生き方は違いました。

不動産をどんどん買って、賃貸収入で生活し、決められた時間働くなんてことをせずに悠々

と暮らす人。自分で立ち上げた会社を売却して、世界中を旅している人。そんな人たちの様子が『金持ち父さん 貧乏父さん』の中には描かれていたのです。

その書籍の中には投資で成功した人の話ばかり出てきているわけではありませんでした。投資に失敗したり、会社が立ち行かなくなったりしてホームレス状態になり、車の中での生活を余儀なくされた人の話なんかも出てきました。でも、僕は、こういう生活に非常に強いあこがれを抱きました。『金持ち父さん 貧乏父さん』には、「お金に支配されない生き方」の重要性が説かれていて、僕は、自分で人生を選べるのであれば、「お金に支配される生き方」より、「お金に支配されない生き方」を選びたいと強く思ったのです。

投資という概念に出会い、それまでの僕の価値観は大きく崩壊しました。今自分が生きている学生生活の延長線を進んだとしても「お金に支配されない生き方」にたどり着く気がしませんでした。もし、将来自分が「お金に支配されない生き方」を選ぶのであれば「生き方」を変えなければいけないと確信しました。

『金持ち父さん 貧乏父さん』を読んだ15歳の僕は、本に書かれてあることを素直に実行しようとし、まず不動産を購入しようとしました。不動産を買うために、銀行に足を運び、銀行から融資を受けて不動産を購入しようとしたのです。しかし、当時収入も何もない中学生の僕は、銀行から融資を受けるなんてことはできず、不動産投資をスタートすることはできませんでした。

そこで、僕は今の自分でもできる投資は何かを考え、ひたすら探しました。そうすると、株取引や自分でスモールビジネスを始めることによって、**資金がたとえ少なくても、投資というものをスタートすることができる**ということがわかってきたのです。

結果として、僕は自分で起業することにしました。起業したのは15歳の時のことなので、もう17年の歳月が流れました。

ド貧乏もお金持ちも経験した僕だから言えること

申し遅れました、僕は正田《まさだ》圭《けい》といいます。15歳で起業し、現在32歳。M&A事業を営む、ＴＩＧＡＬＡ（ティガラ）株式会社の代表を務めています。これまでに自分で起業した会社の経営、自社の売却、他社の買収を繰り返し、過去何度もM&Aエグジットを経験してきました。

15歳で会社経営を始めたと言うと、「すごい才能の持ち主だ！」と思ってくれる方もいるかもしれません。しかし、ここまでの道のりは順風満帆なものではありませんでした。世間知らずの15歳が就職も経験せず、いきなり会社を始めたわけですから、最初からうまくいくわけがありません。**うまくいったこともありますが、このまま立ち直れないのではと思うような失敗も、成功の数以上に何度も経験してきました。**

自力で生活を維持できなくなり、実家に戻ることを余儀なくされたこともありますし、クレジットカードは滞納して止まってしまった経験もあります（5年前からまた使えるようになりました）。

実家はサラリーマンの父親に専業主婦の母親という、いわゆる中流家庭なので、親から出資を受けたり、親のコネで何とかなったりすることは一切ありません。

そんな僕でしたが、会社経営を始めてからはド貧乏から富裕層まで、ひと通り経験することができました。

僕は、起業してから17年間にわたって「お金を持つ」という行為は、「人生を自分で創り出していくことができる」のだと実感することができました。

そして、「お金持ち」の定義とは「他者からの圧力を受けることなく、自分の力で人生の自由を獲得できる人」なのだとも、自分以外の多くの起業家たちと時間を共にすることでわかってきました。

「お金持ち」とは状態のことである

僕たちは、社会に出ると、色々なルールや常識に縛られて、自由な発想を失いがちになります。仕事を通してだけでなく、私生活を通しても、思考が固定されてしまうことはあると思います。

アインシュタインの名言で「常識とは、18歳までに身につけた偏見のコレクションのことを言う」というものがありますが、まさにその通りで、家庭環境、住んでいる地域、職業、結婚相手、貯金、などから固定観念ができあがってしまっていて、その固定観念が各々の人生のストッパーのようなものになってしまっているような気がします。

でも、お金を持つと、自分の理想の世界を、自由に実現することができるようになります。

お金は、僕らがやりたいことを「拡張」することができ、誰からも制約を受けることなく、自分の本当にやりたいことを、解き放つことができるのです。

僕は「お金」を持つべきだと考える理由の一つに、自分に自信が持てることを挙げます。経済的に自信が持てるのはもちろん、精神的にも充実します。「貧すれば鈍する」という格言がありますが、良い意思決定をしようとする際に、金銭的な制約を受けていない状態にあることは非常に重要です。

自分に自信が持てるようになると、自分の存在価値を肯定できるようになります。そうすると、自分がやってみようと思ったことに思い切って取り組むことができるようになったり、人を喜ばせたりするような余裕も手に入り、生きがいも増え、人生の満足度が大きく向上します。

そうすることで、**自分がしっかりと満足することができる、唯一の、自分だけの大切な「自分の人生」を作り出していけるように**なるのです。

もちろん、「お金持ち」になることは、簡単なことではありませんし、一度「お金持ち」の状態になれたからといって、それが永続し、ラットレースから抜け出せるわけでもありません。

「お金持ち」とは、状態のことです。誰しもが「お金持ち」な状態になることもあれば「貧乏」な状態になってしまうこともあります。

天下のビル・ゲイツだって、ある日突然一文無しになってしまう可能性は0ではありません

が、起業してそこらの何の実績も無い若者だって、あっという間に何千億円も手に入れる可能性だってあるのです。

でも、僕は、誰もが「自分はお金持ちになれる可能性がある」という認識を正しく持つことの意義は非常に大きいと考えています。

お金持ちになったとしても、また貧乏な状態に戻ってしまうことだってありますし、お金持ちになる過程では大変なことだっていろいろありますが、お金は、僕らの行動の選択肢を格段に増やしてくれます。頑張る人の行動スピードを加速させてくれます。夢の実現に向けてあなたの背中を後押ししてくれる、かけがえのない武器になるはずです。

今は、皆が迷っている時代なのだと思います。インターネットの発達によって、情報は有象無象に存在しますし、SNSなどで多くの出会いのきっかけも増えました。それによって、どう生きればよいのか、何を目指せばよいのか……などの選択肢が多様化し、空回りしてしまっている人も多いかと思います。

社会の中での選択肢が異常なほど多様化してしまったことによって、今後ますます、何を選ぶかという決断力が必要になってきます。そして、決断するということが得意な人は多くはありません。

そんな中「**お金持ちになる**」**と決断することは、各々の人生を大きく変化させるきっかけになるでしょう。**

お金持ちになる唯一の方法は「投資」

では、「お金持ち」になるためには、どうしたらよいでしょうか。

今は、働いても働いてもなかなかお金が手に入らない時代です。僕らの親より上の世代は毎年のように昇給がありました。銀行や郵便局の金利は高く、稼いだお金を定期預金に入れておくだけで資産形成もできました。

ところが今や昇給は雀の涙です。金融機関に預けたとしても限りなくゼロに近い超低金利の時代です。労働でお金が稼ぎづらくなっている今、その報酬を原資に資産形成するのも**至難の業**なのです。

ではどうするか？

僕がおすすめしたいのは「投資家」になることです。

今、僕の生まれた１９８６年あたりを境とする世代、「ミレニアル世代」に富裕層が増えつつあります。

なぜ彼らは若いのにお金を儲けられるのか。社会人になってからの年数もそう長くはないのに、短期間でお金を稼げるのか。その秘密は「投資」にあります。

ミレニアル世代の富裕層たちは皆、「投資」で資産を形成しているのです。

先ほどもお話ししたとおり、僕は15歳で立ち上げた会社を19歳で売却し、以降もＭ＆Ａを幾度も繰り返して資産形成をしてきました。

僕に言わせれば、起業や会社経営はまぎれもなく「投資」です。自社の株式に資金を投下する、「投資」の一手法なのです。

僕は、今年（2018年）の2月から、pedia salonというコミュニティの運営を始めました。これから起業をする、もしくは起業している人たちのコミュニティになるのですが、よくある起業コミュニティではありません。

何が大きく異なるかと言いますと、pediaのコミュニティは、会社を作って起業した後に、会社を売却することをめざしている人達のコミュニティです。そのため、事業家として会社経営をするのではなく、「投資」という観点から起業しようという、新しい起業のスタイルを追求した取り組みとなっております。

僕は起業を軸としながら、いわゆる株式投資やプライベートバンクでの資産運用、ベンチャーキャピタルへの出資など、あらゆる投資を経験してきました。うまくいった投資もあれば、失敗した投資もあります。詐欺まがいの話に引っかかったこともあります。

本書では僕の17年におよぶ起業家としての経験、そこで形成された持論をもとに、投資の定義と必要性、投資でなければ稼げない社会に変化した原因、これからの時代を投資家として生きていくために何をしていけばよいかについて縦横無尽に述べていきます。

本書は、これからの世代の人たちに向けた『金持ち父さん 貧乏父さん』である

本書は、今、生き方で悩んでいるすべての人たちに向けて書きました。

少なくとも、僕自身「投資家としての生き方」をすることによって、心の底から、今の自分の生き方に納得できています。

食うためにお金が必要なのではなく、自分のやりたいことを実現させるためにお金を増やしていくのが投資家としての生き方です。

僕が17年前に『金持ち父さん 貧乏父さん』を読んだ時と比べ、投資手法は激変しました。一昔前のような、不動産を買ったら必ず値上がりするとか、金融機関から投資商品を窓口で購入するというような投資の世界は古いものとなり、投資の概念自体も新しいものに変わっていっています。

言ってみれば、「新しい時代の投資スタイル」に大きな変化を遂げてきています。この「変化」に対応できるような「新しい時代の金持ち父さん 貧乏父さん」という位置付けになればよいなと思い、本書を書きました。

お金があれば夢の実現までの過程が短縮され、時間を節約できます。誰かに時間拘束されることもありませんから、その時間を自由に使い、さらに次の目標に向かうための行動を起こすことができるのです。

投資とは、簡単に言うと、まだ評価されていない人を、お金で応援することです。人生の中で、自分が応援してもらうこともあれば、応援することもあり、「視点」や「ポジション」はぐるぐると入れ替わるものだと思います。

人間の幸せとは、どれだけ周りを幸せにしたか、だと僕は考えています。自分が応援され、人も応援する。理想論かもしれませんが、そんな幸せな生き方を一緒に目指していきませんか?

では、一緒に進んでまいりましょう。

目次

2 労働の終焉 47

3 インターネットで投資の「プロ」が絶滅した

4

「ミレニアル世代富裕層」の登場

短期で大きく稼ぐ「YouTuber」「億り人」の台頭

近年、目を疑うような莫大な金額を短期間で稼ぐ人々のニュースを目にするようになりました。なかでも、1980年代〜2000年代生まれの「ミレニアル世代」と呼ばれる若者たちが短期間で突如、お金持ちになるケースが増えています。

わかりやすい例を挙げましょう。仮想通貨の世界で起こっている現象についてです。「仮想通貨元年」と呼ばれた2017年には、ビットコインをはじめとする仮想通貨で大儲けする人々が数多く誕生しました。同年12月には仮想通貨の一種、ビットコインの価値が急騰し、1BTC（BTCはビットコインの単位）が、日本円にして約200万円もの値をつけたのです。その結果、ビットコインホルダーと呼ばれるビットコインの保有者のなかから億単位のお金を手にする人が登場し、「億り人」という言葉が生まれました。その多くは20代から30代の若い人たち、そう、ミレニアル世代の人たちです。

ミレニアル世代が大金を手にしたニュースはほかにもありました。M&Aによる複数の起業家の売却劇がそれです。

2017年11月、目の前のアイテムを一瞬で現金に換える買取アプリ「CASH」を提供する株式会社バンク（光本勇介《みつもとゆうすけ》代表取締役社長）が設立わずか8カ月、CASHのサービス開始から2カ月弱でDMMドットコムに70億円で売却され、世間を驚かせました。

2017年8月には若者に人気のチーズタルト専門店を展開する株式会社BAKE（長沼《ながぬま》真太郎《しんたろう》会長）が設立4年にして100億円強（価格非公開）でプライベートエクイティファンドのポラリス・キャピタル・グループに売却されています。

光本氏は1980年生まれ、長沼氏は僕と同じ1986年生まれです。何十年もかけて莫大な資産を積み上げるのではなく、起業して数カ月から数年という短い期間で会社の価値を高めて大きく儲けているのが特徴です。

ユーチューバーも、ミレニアル世代で大金を稼ぐ人たちといっていいでしょう。自作の動画をYouTubeに公開し、その再生回数に応じた広告収入を得ているユーチューバーはたくさんいますが、トップクラスとなるとその年収は億をはるかに超えると言われます。

人気ユーチューバーのクリエイター活動をサポートするUUUM社は、2017年に株式公開しましたが、人気ユーチューバーたちはＵＵＵＭ社の株主にもなっていたため、ユーチューバーとしての活動だけでなく、未公開株投資としても大きく儲けることができました。

- 仮想通貨「億り人」
- Ｍ＆Ａで会社を売却した起業家
- ユーチューバー

彼らには全員、共通点があります。

まず、ほとんどが20～30代の若者であり、１９８０年代後半から２０００年代前半にかけて生まれたミレニアル世代と呼ばれる層であること。

次に、ごく短期間で大金を稼いでいること。

そして、彼らの大金を稼ぐ手段が、いずれも「投資」であることです。

会社に雇われて労働しているだけでは、彼らのような大金を手にすることは一生をかけても無理だといってよいでしょう。

「投資」を辞書で引くと、こうあります。

「利益を得る目的で、資金を証券・事業などに投下すること。」（大辞林）

ミレニアル世代の若者は、仮想通貨や自社の株式、ユーチューブのコンテンツに資金を投下し、利益を得ています。彼らのやっていることは、まさしく「投資」です。投資によって、短期間に大きく儲けることができているのです。

マーク・ザッカーバーグはどのように資産運用をしているのか

ミレニアル世代の典型的な富裕層として、僕はフェイスブックの創業者兼CEO、マーク・ザッカーバーグ氏を挙げます。

マーク・ザッカーバーグ氏は2011年時点で資産は1兆円を超えています。彼は、1

984年生まれであり、ミレニアル世代を代表する富裕層なのです。

そして、そんな彼個人の資産運用は、まさにミレニアル富裕層のお金に対する考え方を象徴しています。

マーク・ザッカーバーグ氏は自身の資産をいわゆる投資信託やプライベートバンクに預けずに、友人の資産運用会社、アイコニック・キャピタルに託しています。この資産運用会社は、マーク・ザッカーバーグ氏好みのベンチャー企業に特化して投資するベンチャーキャピタルです。

これは僕の想像にすぎませんが、ザッカーバーグ氏をしても、資産は大事にプライベートバンクに入れておくより、ハイリスク・ハイリターンを取ることを選択しているのではないでしょうか。

そのほうがリスクはあっても、プライベートバンクに入れておくよりはあらゆる意味で

「資産」が増えることを、彼はよくわかっているのだと思います。

先ほど、ミレニアル富裕層は社会的意義のあるお金の使い方を重視すると説明しました。ザッカーバーグ氏はたとえ投資に失敗し、少々お金が減ったとしても、投資によって得られる知見やネットワーク、宣伝効果も自分の「資産」として残るものととらえているのだと思います。

彼の投資のしかたは、まさにミレニアル世代の富裕層の考えそのものと言えます。

稼ぎ方が変わり、生き方も変わった

このように若者が短期間で富裕層化する現象は、数少ないものではありません。

スイスを本拠地とする世界最大級の金融グループUBSの報告書によると、ミレニアル世代（報告書では1982年〜1998年生まれと定義）の総資産は2020年に2670兆円に達し、「史上最大級の富の世代間移動」が起こると予想されています（ビジネス・インサイダー・ジャパン「2020年に2670兆円——ミレニアル世代の総資産が史上最大級」より https://www.businessinsider.jp/post-

34598)。

こうした「ミレニアル富裕層」の成り立ちは、僕らの親世代の富裕層の成り立ちとはまるで違います。さらに言うと、**成り立ちが違うから、その後のお金や投資に対する考え方も違います。稼ぎ方が変わったから、生き方が変わって当然なのです。**

ミレニアル富裕層の投資は「リスク選好度が高い」のが特徴です。リスク選好とは、投資家が高いリターンを得るためにリスクのある投資をどれだけ求めるかを表しています。リスク選好度の高さは、稼いだお金を銀行に入れて塩漬けにするぐらいなら、多少のリスクを冒してでもハイリスク・ハイリターンの投資をしようと考える傾向が強いことを意味しています。

1986年生まれである僕も、もちろんミレニアル世代に入る年齢です。そんな僕自身と周囲の同年代を見ていると、**ミレニアル富裕層は銀行や証券会社が販売する金融商品や不動産などの投資より、「オルタナティブ投資」を好む傾向にある**ように思います。

投資の本流とされている伝統的な手法は、上場株式や債券、不動産などへの投資があります。

従来の富裕層の大半はこのような投資を好みます。

昔の富裕層はその富を形成するのに何十年もかけています。新卒で入社し、40年以上も一つの会社に勤めあげ、その会社にしっかりと貢献し、役員となり、退職金もガッツリもらうのが一つのモデルになっていると思います。

長い時間をかけて地道に築き上げた資産であるため、せっかく築き上げた資産が目減りすることが許せません。リターンは少なくとも、彼らにとってはいかに安全に運用するかが大事なのです。

その結果、ハイリスク・ハイリターンのオルタナティブ投資には目もくれず、国内外のプライベートバンク口座に資金を入れて、年利回り2～4％で地道に運用する道を選びます。彼らにとってはうまくいくかどうかもわからない友人の経営する会社や、怪しげな仮想通貨にお金を出すぐらいなら、土地や建物や上場企業株式といった「実物的な資産」に投資したほうがマシ、というわけです。

対してオルタナティブは、代替的（alternative）の意味からもわかるように、これまで傍流とされてきた投資です。非上場株式（未公開株式）、PEファンド、金《きん》や時計、宝石、仮想通貨などがオルタナティブ投資に分類されます。

前出のビジネス・インサイダーの記事によれば、ミレニアル富裕層は「債権や株といったペーパーアセット全般に対して不信感があるとは言えない」ものの「ひねりのある」資産に興味を持っているとされています。

ミレニアル世代の若者は、従来の金融商品が銀行や証券会社のマージンや人件費を乗せられまくったロクでもないものだと肌感覚で思っているのかもしれません。

そうした伝統的な金融商品より、自分が好きなものにダイレクトに投資したいと考えているのがミレニアル富裕層の投資の特徴なのです。

金銭的なリターンだけでなく、「環境や社会を改善することが期待される会社へ投資する社会的インパクト投資」に関心を持っているのもミレニアル世代富裕層の大きな特徴です。金銭的リターンが得られることに加え、自分の投資の社会的意義も重要視しています。少額の投資であるなら、たとえ投資結果が思わしくなかったとしても、自分の納得できるところにお金を出したいと思っているのです。クラウドファンディングやpolcaなどのサービスを利用するのもミレニアル世代の人たちが多いです。

ミレニアル富裕層がオルタナティブ投資にひかれる理由をひと言でまとめると、自分の興味関心や共感を喚起するものを投資対象としている、と言えると思います。銀行や証券会社の利ざやがすでに乗せられている割高な株や投資信託を買うくらいなら、代わりに友人のスタートアップに出資したり、仮想通貨に投資したりする道を選びます。

彼らは友人の起業家に出資したり、クラウドファンディングに気軽にお金を出したりするのに抵抗がありません。

ビットコインで儲けた人も、日本円に換金して貯金するなんて考えはこれっぽっちも持っていません。そんなことをするぐらいなら、アルトコイン（ビットコイン以外の仮想通貨）に投資するほうを選ぶでしょう。小さな原資から大きな富が生まれる瞬間を目のあたりにしたことがきっかけで、頭が「投資マインド」になっているからです。

ミレニアル富裕層が、何十年経っても雀の涙の利息しか得られない、古臭い金融商品に投資することはもはやあり得ないのです。

それほどミレニアル世代と上の世代との考え方は異なるのです。

僕自身、プライベートバンクに口座を開設し、資産運用をしていた時期がありました。はじめはプライベートバンカーの手引きによって富裕層の世界を垣間見ることができるのが面白く、彼らのコンシェルジュ的な役割に期待し、資産運用も一部まかせていました。

ところが一度、富裕層のコミュニティに入ってしまえばなんてことはありません。その後はプライベートバンカー無しで十分事足りるからです。資産運用の利回りもそれほどいいものではなく、他人にお金を託すリスクこそ感じるものの、メリットはあまり感じませんでした。そんなこともあり、すべてのプライベートバンクを解約してしまいました。

起業し、会社経営という「投資」によって資産形成できる自分にとっては、プライベートバンクや既存の銀行・証券にお金を預けるうまみはもはや感じられない、というのが正直な感想です。それよりは自分の判断で大きなリスクを負い、大きなリターンを期待できる投資をしたほうがよっぽどいいと思っています。

周りのミレニアル富裕層の投資を見ていても、起業したばかりの会社に出資するスタートアップ投資を好む人が多いと感じます。伝統的な金融商品に投資するより、「同い年の○○君が資金調達すると言っていたから、自分も1千万円ぐらい入れておくか」というような、リスクはあっても意義のあるお金の使い方を選ぶのです。

今はまだ、従来型の富裕層が幅を利かせているかもしれませんが、今後ミレニアル富裕層がどんどん増えてくると、世の中の価値観は激変します。

とくに短期間で少額の原資が大きく化ける瞬間を目の当たりにした人たちにとっては、

その価値観の激変が顕著に見られるはずです。彼らには、何十年もかけてわずかな利益を期待するような伝統的投資の価値観は、とうてい受け入れられるものではないからです。

このように、ミレニアル世代の若者が短期間で莫大な富を得る時代になり、彼らはアセット投資ではなくオルタナティブ投資をおこなっているのです。

これは、気が付いている人はあまりいませんが、投資手法における大きな時代の変化です。不動産や上場企業の株式が資産運用における主要な金融商品ではなく、いわゆるオルタナ資産に変化してきていて、**オルタナ資産への投資が、投資で結果を出すための主流に取って代わってきているのは、投資という歴史を振り返っても、この100年における大きなパラダイムシフト**だと感じています。

「投資生活」の3つの面白さ

今、この本をご覧くださっている方々は、少なからず投資というものに興味を持っているかと思います。僕は、まず、これから投資というものを自分の生活に取り入れていきたいと思っている方々に、投資というものがどのくらい面白いもので、可能性を秘めているものかということを知ることからスタートしていって欲しいと考えています。

投資の面白さはいくつかあります。それは主に、この3つの点です。

1 世の中にあるサービスを消費するだけでなく、その裏側まで理解することができるようになる

2 時代の流れを肌で感じることができる

3 投資をすることで良質なコミュニティを形成することができる

一つずつ説明していきます。皆さんは、投資をするしないにかかわらず消費は必ずしていると思います。世の中は、様々な企業がこぞって商品開発やプロモーションをおこなっていて、気づく気づかないにかかわらず、その経済活動に関わらされているのです。

何気なく無料で見ているWEBサイトも、しっかりとあなたがどのサイトをどのように見ているかの集計を取り、あなたの1クリック1クリックに値段がつけられているのです。

外に出て、道を見渡してください。広告や看板など、何も目に入ってこない環境などまず無いのではないでしょうか。

投資をするということはこのような経済活動について、理解をしていくことにほかなりません。自分がどのような経済活動に関わっているのかを紐解いていくことは、非常に知的好奇心を刺激する行為になります。

二番目ですが、投資とは、時代の変化を予測することです。多かれ少なかれ、いろんなテクノロジーやカルチャーが生まれては無くなったり、ある日突然巨大なものになったりすることが世の中では繰り返されています。

今後どのような世の中になっていくのか、世の中のどこにニーズが隠れているのかを考えることで、**今、自分が「この時代に生きている意義」を認識することができると、自分の人生の重要性を感じることができる**でしょう。

三番目の「良質なコミュニティを形成することができる」という点ですが、これが一番投資の面白いところだと思います。

僕は、投資というのは、言ってみれば「コミュニティに参加すること」であると考えています。この三番目の話に関しては、非常に重要なポイントになってくるので、しっかりと説明させていただきます。

「投資」とは「コミュニティに参加すること」

物を買うという行為は、何らかのコミュニティに参加するための行為だと言っても過言ではないと僕は思っています。

株を買うことをイメージしてみてください。株を買うことは株主総会というコミュニティに参加する権利を買っていることと同じです。株を手にすれば、必ず株主総会に参加することができます。

カルビーのポテトチップスを買う人は、カルビーのファンコミュニティに属していると言えます。競走馬やフェラーリも同様です。競走馬を所有していると海外の富裕層とのつながりがつくれますし、フェラーリがあればフェラーリオーナー、つまり他の富裕層とのネットワークができます。競走馬やフェラーリが純粋に手に入るというだけでなく、そこのコミュニティに参加する権利も同時に購入しているのです。コミュニティに参加することによって、自分自身や、自分の属するコミュニティの価値をも上げていっているのです。

誰だって支持しないコミュニティ、嫌いなコミュニティの商品やサービスは購入したくないはずです。みなさん、自分がそのコミュニティ（会社ととらえてもいいでしょう）の商品やサービスを使っていることを自慢したくなるようなものに、お金を出しているはずです。そのため、**お金を使うことはコミュニティに帰属することを選択している**に等しいのです。

億り人は、「仮想通貨」というコミュニティに属したくて仮想通貨に投資しています。「ビットコインホルダー」という呼び名は、ビットコインを持っていること、すなわちビットコインのコミュニティに属していること自体に価値があるからこそ通用する呼び名です。また、仮想通貨を保有している人たちは、通貨ごとにコミュニティをつくっており、そこで交流を図っています。

2017年12月のビットコイン価格急騰のニュースが流れ、仮想通貨の存在は一気に浸透しましたが、仮想通貨はまだコンビニで気軽にガムすら買えない通貨です。それでも人々が保有したがるのは、ひとえに「仮想通貨のコミュニティ」に入りたいがためでしょう。

近所で気軽に使うことのできない仮想的な通貨を購入する意味は何か。それは仮想通貨のコミュニティに価値を感じているからです。

ビットコインの「マイニング（採掘）」にしてもそうです。ビットコインコミュニティに対して頼まれてもいないのに労働力を提供し、利益をビットコインで得る。そしてビットコインコミュニティ内の議論に参加し、意見を出す。まさに、コミュニティに参加したいがための投資です。投資はコミュニティに参加することと同義なのです。

起業家は、自分で自分のつくった会社の非上場株式に投資することで、会社というコミュニティを形成し、そこに参加もしています。投資をうまく続けることでそのコミュニティに賛同・参加する人（ここでは株主や社員、クライアントになるでしょうか）を増やし、そこでマネタイズしていきます。

ユーチューバーは、YouTubeというコミュニティ・プラットフォームの中に「チャンネル」という名のコミュニティを形成し、番組づくりに投資してチャンネル登録数を増やすことでマネタイズに成功しています。

短期間で大きく稼いだミレニアル富裕層は何かしらの投資活動をして自前のコミュニティを形成し、そこでマネタイズしているものなのです。


つまり、投資とは「コミュニティに参加すること」なのです。**自分の好きなコミュニティを育て、増やしていくために人は投資をしています。**金融商品を買って利益を期待するような、古いスタイルの従来型投資ですらその証券会社が提供しているコミュニティに参加していることなのです。

不動産を買っても、その不動産に入居する店子さんたちとのコミュニティがセットでついてくるのです。


価値のあるコミュニティを見極めてそこに参加し、貢献していく。あるいはコミュニティを自分で形成し、それを拡大していく。そのことによってリターンを手に入れる。**短期間に莫大な富を生む可能性のある投資の根幹にあるキーワードは、「コミュニティ」なのです。**

もしかしたら「投資＝お金を稼ぐ」というイメージをお持ちの方も多いかもしれません。ところが、投資は必ずしもお金に紐付いているだけのものではありません。

先ほど紹介した、ミレニアル世代の富裕層を見ていると、**投資は将来的に自分の価値を高めてくれるものであるからやっているだけで、お金を稼ぎたい欲求は二の次、あるいは投資に付随して付いてくるおまけとしてとらえている**ようにも見えます。

投資の結果、自分の価値が高まり、コミュニティの価値も高まり、結果としてそこでお金を手に入れることができてしまったというイメージです。もしかするとミレニアル世代の富裕層は、お金儲けだけを目的に意識的に投資している人はほとんどいないのかもしれません。

起業して間もない会社に投資する「エンジェル投資家」も最近増えてきていますが、彼らも、投資する際のリターンだけでなく、投資することによってどのようなコミュニティに参加できるようになるのか、をすごく気にしています。

その起業家との関係性もそうですし、同じ投資家の中にどのような人がいるのかなどもかなり重要な投資の判断材料となっています。

投資家は、コミュニティ内での同一価値観の形成を重要視します。それがより強固な価値観になれば、気の合う人たちで別のコミュニティを新規に形成することも出てくるかもしれません。そこでまた新たな投資活動が始まるのです。

コミュニティに参加することが投資である、と考えると、今はまさに「投資の時代」であり「コミュニティ」の時代なのです。

億り人も起業家もユーチューバーも、皆、コミュニティに関わっています。逆説的に言えば、意識的か無意識かにはかかわらず、彼らは皆、投資をしていることになるのです。

投資の原資はなにもお金だけとは限りません。自分のお金、時間、労働力……。ミレニアル世代の若者はこれらのリソースを総動員して投資し、「コミュニティの価値」と交換しているのです。

この、コミュニティは昔から存在しているものですが、実は、この15年ほどで大きな変化を遂げています。

詳しくは第3章で述べますが、インターネットがものすごい勢いで日常生活に溶け込み、コミュニティの在り方も大きく変容を遂げました。インターネットによって数多くのコミュニティがより強固になっていくことで、投資機会は大幅に増え、投資スタイルも大きく変わっていったのです。

今からの時代を謳歌《おうか》して生きるには、投資を通してコミュニティ形成を図っていくことがカギとなってくるのです。

2
労働の終焉

「投資」の対立概念とは

投資によって短期間に大きな稼ぎを得ると、ずばり、価値観が変わります。一生の半分以上を会社に雇用されて自分の貴重な時間を拘束され、時には望まない仕事をしながら、毎月わずかばかりのお金をもらうことがバカらしくなってきたミレニアル世代の富裕層は少なくありません。

そう、まさに、投資の対立概念は労働であり、労働の価値はますます下がり続ける傾向にあります。

儲けの薄い労働をするぐらいなら、お金儲けは短期で大きく儲けられる投資で行なったほうが良いのです。なぜなら、投資で生きるほうが、時間もお金も両方手に入るからです。労働をすれば時間は拘束される。そのわりに実入りが少ない。こうした傾向は、今後ますます強まるでしょう。お金は投資で稼ぎ、どうしても労働をしたければときどき趣味程度にやる。そんな時代がすぐにやってきます。

一生の大半を雇用され、労働してお金を稼ぐ時代は終わりを告げようとしています。AIが進歩し、僕らの生活を支えるほどに普及し、シンギュラリティを迎えると、労働の価値は今よりさらに下がっていくでしょう。

100人でやっていた仕事を5人でできるようになる。あるいは、自分のやっていた仕事がAIに代用される。こうなると、働いても働いてもお金を儲けることは難しくなります。

会社にとって、社員をひとり雇うのは重たい負担です。給料を支払い、社会保険料も負担しなければならない。さらに言うと、経営者と社員は同じ利益を分け合うがゆえにどうしても利益相反関係に陥ってしまいます。給料0円で働いてくれる人がいるなら利益相反にはなりませんが、そんなことはあり得ません。

ところがAIなら給料を支払う必要も、社会保険料を負担してやる必要もない。人を雇わなくてすむなら、経営者にとってこんなにうれしいことはありません。会社に残せる利益が増え、その資金を新たな経済活動に回すことができるからです。

ＡＩの普及によって将来、あなたが会社をクビになっても、よそで雇ってもらえる保証はありません。そのときには社会全体で人間のクビ切りが行なわれているはずです。

そうなると僕らに残されたお金を稼ぐ道は何か？

そう、「投資」だけです。

これからは好むと好まざるとにかかわらず、誰もが「投資家」になることを考えなければならなくなるのです。

もし1年後、労働をしてはいけなくなるとしたら？

ここで、僕からみなさんに問題提起をしたいと思います。

「1年後、あなたは今の仕事をクビになります。しかもそれ以降、あなたはどこの会社からも雇われることはできません。そうなったらどうやって生活をしていきますか？」

「そんなことは自分に限ってあるわけない！」と思わず、ここはじっくりと考えてみてください。

通常なら、今勤めている会社を辞めたらまた次の勤め先を探す人が大半だと思います。フリーランスで働こうと思う人もいるかもしれません。

しかし、それはできないルールだと思ってください。労働をしてはいけません。

あなたはどうやって生活していくでしょうか。

多くの人は、まずクビになるまでの1年の間にできるだけたくさん貯金をしようとするのではないでしょうか。

クビになってすぐは、この貯金を取り崩して生活費にあてるかもしれません。ただ、そんなことをしていては早晩この貯金も底をついてしまいます。

そうならないためには、そのなけなしの貯金を少しずつでいいから増やしていくことを考えなければなりません。そうなると、思いつくのはこういうことではないでしょうか。

・ビットコインで儲けたって話をよく耳にするけど、今いくらぐらいなんだろう？　また値上がりするかな。自分にも買えるだろうか。

・お金を増やすといえば、株かな。儲かる株ってどこの会社の株だろう？　株を買うにはどうしたらいいんだろう？

・空き家になっていたおばあちゃんの家をリノベして、人に貸したら家賃収入で食えるかもしれない。

・友達が起業するって言ってたから、そこに出資してみるか。

・今使っていないあのブランドもののバッグ、メルカリで売ったらいくらになるかな。

いかがでしょうか？　金輪際働くことができない前提で生活を成り立たせていくことを考えると、おそらくこういったことを考え始めるのではないでしょうか。

じつはこの考え方が大事なのです。

なぜなら、これがまさに「投資家の視点」だからです。

僕らは労働収入が入ってこない前提に立つなら、投資を考えるしか生きる道はない。そのことに気づくのが、投資家になるための第一歩なのです。

労働は「麻薬」である

労働は「麻薬」である。ショッキングな表現かもしれませんが、僕はつねづねそう思ってきました。

誤解を恐れずに言えば、**会社に雇われ、時間で拘束され、労働して対価をもらうのは、ある意味楽な行為です。**言われたことをやっていればお金がもらえるため、思考停止でいても何ら問題はない。それに比べると、自分で考え、判断するのはつらい行為です。それをしなくていいのですから、労働とは、楽な行為なのです。

雇われている状態が長く続くと、よっぽど意識の高い人以外は、そのうち自分で考え、動くことをやめてしまいます。**雇われることは麻薬やギャンブル、酒、タバコのように依存性のあるもの**なのです。

ところが、その労働ができない前提に立つと、人は否応なく投資について考え始めます。**それが本来のそのときのあなたは「労働という麻薬の禁断症状がとけた状態」にあります。**それが本来の「フラットなあなた」であり、「投資家としてのあなた」です。今までのあなたは、**労働という麻薬に溺れていたのです。**この投資家の感覚で生きるのが正常なのだと認識を一新すべきです。

「麻薬」が切れたら、お金や時間、能力、所有しているものなど、自分のリソースを意識することが増えます。明日何をするか、このお金をどう使うか。労働できないとなると、お金にしろ時間にしろ、自分の持っている資産を何かに投資しなければ資産は1円たりとも増えていきません。

誤解の無いように言っておきますが、投資家になると、お金にお金を稼がせて、悠々自適に暮らせますなどと言うつもりは一切ありません。労働の道だろうが、投資の道だろうが、成功するには、努力が必要であり、自己責任が付きまとう投資の世界の方が、楽はできないと思います。

お金のことを考えることが増えるため、金融サービスとの接点も格段に増えていきます。今まで無関心だった社会の動きにも敏感になるだろうし、自分で考えて足を運んだり、活動したりする機会も増えるでしょう。自分のリソースを全力で活用して利益を出すしか、生活を成り立たせていく道はなくなるのです。

これが投資で生きるということなのです。

労働の価値の希薄化が止まらない

労働をやめて投資家として生きるべき、と僕が言うのは、今は労働してもなかなかお金が入ってこない時代だからです。今や労働の価値は希薄化しています。しかも減るだけならまだしも、マイナスに転じていると僕は思っています。実際、質の高い労働をするために、労働者がお金を出してその権利を買う場面さえ出てきているのです。労働の価値が希薄化している理由としては、以下の４つが挙げられます。

まず、ＡＩや自動化が話題に上っていることからも、世の中が人件費を減らす方向に動いていることがわかります。freee やマネーフォワードから出ているリーズナブルなウェブ会計システムの普及によって税理士や経理に関わる人の仕事は減りつつあります。

ＡＩによって50人でやっていた仕事が５人でできるようになると雇用機会自体が減っていくでしょう。労働賃金も安くなります。先にも述べたように、会社が社員一人を雇う重さを考えれば、ＡＩや自動化はますます会社組織の中で幅を利かすようになることは明白です。

次に、会社側と労働者はどこまでいっても利益相反関係から逃れられない点が挙げられます。雇用されている労働者は、たいへん不利な契約を会社から結ばされています。会社は儲からない場合のリスクを労働者の雇用条件に反映させているからです。

会社と労働者がともに上げた利益のシェア比率は会社側のほうが多いことを見てもそれは明らかです。労働者は会社がつぶれたら仕事を失ってしまいますし、いくら頑張っても給料は青天井ではありません。せいぜいボーナスが多少上がったり、昇進したりする程度で、その報酬には限界があります。

どこまでいっても、会社にもたらした以上に、労働者が利益を上げるなんてことはありません。そんなことをすれば、会社はつぶれてしまいます。また、**経営者は採用が不利になるというリスクを冒したくないので、誰も明言しませんし、仮に聞かれたとしても表向きは否定するでしょうが、全く同じ条件で同じモチベーションならば、社員の給料は1円でも安い方が良いのです。**

労働者への給与と投資家の利益は、反比例の関係です。

会社と労働者は永久に利益相反関係から逃れることはできません。労働者はどれだけ頑張っても、稼げるお金に限界があるのです。

電通社員過労自殺と「働き方改革」

3つめの理由は、広告大手・電通の新入社員が過労の末、自殺に追い込まれてしまった事件です。この事件は間接的に、労働の価値の希薄化に拍車をかけていると僕は考えています。

この事件を機に、政府はあわてて「働き方改革」なるナンセンスな取り組みをいっそう活発化させました。それに呼応し、多くの会社が残業時間の削減を打ち出し、終業時刻にパソコンやオフィスの電源を落とす、仕事の持ち帰りやパソコンの社外持ち出しを禁止にするといった小手先の対策を打ち始めています。

それにより、仕事を楽しんでやっていた人、仕事が好きで時間に縛られずに長時間熱狂して働いていた人たちが、雇用されて働くことへの興味を失っていきました。時間をかけて努力することで這い上がってきた人たち、時間をかけることで自信をつけていた人たちにとっては窮屈きわまりない環境が生まれたのです。

こうなると、会社に雇われて働くことがますますつまらなくなってしまいます。もちろん、労働はメリットもあります。一切何の知識も経験も元手もない人間は、労働をすることで知識や経験が身に付きますし、自己資金も手に入ります。麻薬が合法な国があったり、麻薬が治療薬として利用されることもあるように、労働は全く意義の無いものかと言われると、そんなこともありません。

しかし、労働の中には面白いものと、つまらないものがあることもまた事実であり、労働の価値の希薄化が進むと、結果として面白い労働の取り合いになり、ますますつまらない労働の価値は希薄化することになるのです。

時間を縛って働くのはもはや古い慣習なのかもしれません。

僕は学生と会うと「アルバイトなんかするんじゃないよ」と言うようにしています。これは「**青春の貴重な時間を1時間850円なんかで売るな**」という意味です。

人間は最初にした体験、衝撃的な体験に影響されやすい生き物です。学校を卒業して初めてアルバイトをすると「自分の働いた時間をお金に交換できた！」という感覚を持つでしょう。働くことによってお金を得られる体験はうれしいものですし、貴重な体験だということは僕にもわかります。

ただ、**お金と時間は交換できますが、お金と時間を必ず交換する必要はない**ことを知っておくべきです。たまたま時間とお金を交換するということを若い頃にアルバイトを通して経験してしまったがゆえに、それが当たり前であるかのような感覚を持ってしまうだけなのです。

何気なくビットコインを所有していたらそれが数千万円になった体験をした人は、時間とお金は必ずしも交換しなくていいことになんとなく気づいたはずです。ビットコインを買うためにした労働とは、ビットコインとは何かを調べて、口座開設して購入ボタンをクリックしただけなのです。

同じ、口座開設してクリックするという作業を誰かのアルバイトとしてやってみたとしても、せいぜい数千円程度しか労働対価としては手にすることはできません。

仮想通貨で富を手にした「億り人」たちは、お金が増えるときはどうやって増えるのか、お金は労働で増やすのではなく投資で増やせるんだ、と実感したに違いありません。

こうした体験をした「億り人」たちは、もはや労働でお金を稼ぐなどという非効率的な選択はしません。ビットコインを円に換金して定期預金に入れようとも思いません。

投資マインドが育ちつつある状態ですから、儲けたお金を原資にしてアルトコインを買ったり、別の投資にチャレンジしたりします。投資のほうが労働より儲かることを知ってしまったからです。

ピケティが主張する「r＞g」の本質

労働の価値が希薄化してしまう4つめの理由として、労働は自分の時間をかけることができないが、投資は複利効果やレバレッジをかけることができる点が挙げられます。これについては、フランスの経済学者、トマ・ピケティ氏がその著書『21世紀の資本』（みすず書房）でデータを基に論じています。

ピケティ氏は本書の中で、21世紀は富の格差が広がっていると主張しています。r＞g、つまり投資によるリターン（return）のほうが、労働による賃金の伸び率（growth）を上回っているとピケティ氏は述べているのです。

富裕層が財産を運用する（投資に回す）ことで労働者よりも圧倒的な利益を出せている理由ですが、僕は、この理由を「複利効果」と「レバレッジ」にあると考えています。

労働には、複利効果というものはありません。働こうとすると、初任給という概念があり、基本的には、前の職場での実績や本人の身につけたスキルが足し算され、あくまで「足し算」で給与が決まっていきます。

しかし、投資は「複利」です。1億円のリターンがあったとしたら、次の投資機会にその1億円をそのままつぎ込めば、1億円に対しての利回りが手に入ります。

15パーセント増をそのまま足し算していけば、5回繰り返せば75パーセントアップですが、複利だったら2倍になります。複利効果は、積み重ねていくことで、足し算とは天文学的な差をもたらします。世界ナンバーワンクラスのウォーレン・バフェット氏ですら、あれだけの資産を形成するのに、年間で増やしている資産は20~25%程度なのです。

また、レバレッジと言いますのはわかりやすく言うと「梃子《てこ》」の原理のようなものを言います。労働は、自分の力でやるものですが、投資は、資金を借り入れて投資することもできれば、出資者を募って、本来自分では到底できないような大きい案件に対してリスクを取ってプロジェクトを進めることもできるのです。

M&AをするときのLBOもレバレッジ取引ですし、不動産を買うときの銀行融資や、株を買うときの信用取引もこれに当たります。

このように、複利効果やレバレッジ効果を考えていくと、投資で稼ぐ人と労働で稼ぐ人の格差は広がっていくばかりです。いくら働いてもお金が稼げない、労働の価値が希薄化した時代に突入していくと、労働だけで戦っていくのは、なかなかハードな戦いになってしまうでしょう。

労働者は農耕採集民族、投資家は狩猟民族

僕なりの表現で言い換えるなら、雇われ労働して生きるのは農耕的、投資で生きるのは狩猟的な生き方です。

ベストセラー『サピエンス全史 文明の構造と人類の幸福』（ユヴァル・ノア・ハラリ著、柴田《しばた》裕《やす》之《し》訳、河出書房新社）に興味深い話が載っていました。それによると、人類は農耕採集民族時代より狩猟民族時代のほうが得られる食料の種類も量も多く、健康的で、余暇の時間も多かったと考えられているというのです。

農耕採集民は、会社に雇われて労働するのに似ています。彼らが土地に縛りつけられて生きているように、労働者は会社に縛りつけられて生きています。

農耕採集民は土地から離れられず、気候の変化に文句を言うこともできませんし、害虫や病気の蔓延も黙って受け入れるしかありません。

労働者も同じです。無能な経営者だろうと仕事に文句があろうと、その環境にうまく適応しながら、愚痴を言いながら、そこで黙って働くしかありません。

一方、狩猟民族は投資家の生き方です。どこに獲物がいるかを自分の知識や経験を頼りに探し求めて歩く狩猟民族の姿は、いつ芽が出るかわからない投資案件を自分の知識と経験をもとに探し、そこに張って利益を得ていく投資家の生き方に重なります。狩猟民族も投資家も、予想を外す可能性はありますが、当たったときのリターンが大きい点も共通しています。

歴史的に見ても、狩猟民族のほうが「稼ぎ」がよく、「余暇」も多かったという話は、現代の雇用制度が抱えている矛盾を突いているように思えてなりません。

労働は「娯楽」化する

最近、少し面白い現象が起こってきています。それは、労働して報酬をもらうのではなく、「お金を払って労働する」現象が発生し始めたことです。もはや労働はお金がもらえるどころか、「逆ざや」になりつつあるのです。

最近よくネット上で目にする、オンラインサロンはその象徴的なものといっていいでしょう。

オンラインサロンはウェブ上で展開する会費制のコミュニティです。ウェブが主な交流場所ですが、オフラインで実際に顔を突き合わせてのイベントが行われることもあります。

今だと、ホリエモンこと、堀江《ほりえ》貴文《たかふみ》氏の「堀江貴文イノベーション大学校」や、幻冬舎の編集者、箕輪《みのわ》厚介《こうすけ》氏の主宰する「箕輪編集室」が目立つ存在となっています。

オンラインサロンの会員は月額会費を払い、堀江氏や箕輪氏が登場するイベントや勉強会に参加します。みな、嬉々として金を出して堀江氏からのミッションに手を上げて活動したり、箕輪氏の話したことを文字起こししてイベントレポートをアップしたりしています。

僕から見ればこの会員制サロンは、お金を払って労働する権利を買い、堀江氏や箕輪氏の仕事を手伝っているのと同じです。本来なら、堀江氏や箕輪氏が自分の会社をつくって社員を雇い、その社員がやるようなことを会員がしてくれているのです。

会員がお金を払うばかりか、労働力まで提供しているのには理由があります。堀江氏や箕輪氏のコミュニティに属し、本人と知り合いになり、会員同士のネットワークやそこで得た知見やノウハウが自分のレベルを上げ、将来のマネタイズにつながっていくことを見据えているからです。マネタイズに意識的な人もいれば、そうでない人もいるでしょう。

ただ、どちらにしても会員は、お金を払って労働力まで提供してもその見返りは十分にあると判断しているからこそ、オンラインサロンというコミュニティに参加しています。

サロンへの出資と労働力の提供が、時間差で価値や利益を生み出すことをわかっているのです。

戦略的にコミュニティにお金を払い、自分の価値を高めていく。このお金の使い方は消費的というより、むしろ非常に投資的です。オンラインサロン市場の活況を見るにつけ、僕は労働の概念が大きく変わりつつあることを感じずにはいられません。

労働の価値は下がっていますが、このように一部の労働は「コンテンツ化」しています。堀江氏や箕輪氏はコミュニティを通して労働というコンテンツを売っており、人々はお金を払ってコミュニティに所属し、そのコンテンツを購入しているのです。

ここでいう「コンテンツ」は、もはや「娯楽」と言い換えられるのかもしれません。

ます。

全てを逆転させた、「FREEex」

この「オンラインサロン」という新しい働き方のモデルですが、実は元ネタが存在します。

フリックス（FREEex）という組織をご存じでしょうか。

こちらに関しては、岡田斗司夫《おかだとしお》氏が、著書『超情報化社会におけるサバイバル術「いいひと」戦略』（マガジンハウス）の中で詳しく述べていますが、この組織では会社が社員を雇用するのではなく、社員がお金を出し合って社長に給料を支払うという仕組みです。その代わりに、社長は社員を満足させる仕事を与えています。社員は、お金で社長の仕事を手伝う権利を買っているのです。通常の会社では同じ利益を分け合うがゆえに会社側と被雇用者は利益相反関係にならざるを得ないと説明しました。フリックスでは、社長は従業員から給料をもらい、従業員は社長が良い仕事をすればするほど面白い仕事ができますから、社長の仕事を一生懸命に手伝います。求めているものが違うからWin-Winの関係が成り立っているのです。

現行の雇用制度は、労働者が働いて結果を出せば出すほど損をする矛盾をはらんでいます。毎日決まった時刻に出社し、決まった時刻に退勤することを何十年も繰り返す。頑張っても大して給料は上がらない。そうなるとモチベーションの低下が起こって当たり前です。

それに比べると、フリックスは労働と報酬の好循環をうまく生み出せているしくみだと思います。社長から振られる仕事に満足できなくなったり、モチベーションを維持できなくなったりしたとします。そうなれば社長に給料を払うのをやめて、コミュニティから抜ければいいのです。

そうなると、労働する側だけが損をするのではなく、社長も手取りが減ってしまいます。社員だけが一方的に損をするしくみにはなっていませんから、社長も社員も対等です。

雇用されて労働するしくみはすでに社会に定着してしまっていますが、このフレックスのようなしくみのほうが人間にとっては自然です。人々が投資的な視点を持って、労働の麻薬に溺れることなく働けるからです。

今後、人々が投資家として生きる時代においては、こうしたフリックスのような組織が会社組織に替わっていく可能性もあり得るのではないかと思います。

労働の未来は「キッザニア」にあり

価値の希薄化した労働ですが、いきなり一切消えてなくなることはさすがにないと思います。これからも一定数、存在し続けるものでしょう。

しかし、前項で見てきたとおり、**労働はお金を稼ぐためのものではなく、「コンテンツ化」し、「娯楽」として楽しむものに変貌していく**のではないか、というのが僕の考えです。**労働は本業でなく、副業になっていくという言い方もできる**と思います。

オンラインサロンに安くはないお金を毎月払い、喜んで活動している人々にとっては、すでにその仕事は娯楽化しています。

それとは別に、僕はこの娯楽化した労働の未来の形をあるところで目撃することができました。それは「キッザニア」です。

キッザニアは、実在する仕事に子どもたちがチャレンジし、楽しみながら社会の仕組みを学ぶことができるテーマパークです。日本国内だと東京都江東区豊洲と兵庫県西宮市の2カ所にあり、海外展開は20カ国以上に上ります。

そこで体験できる仕事は約100種類。実在の会社がスポンサーとなっている仕事はそのうち約60もあり、リアルな仕事体験をすることができます。

作ったものは実際に食べたり、もらったりできますし、仕事をすると「給料」として施設内で使える専用通貨が手に入ります。その通貨を使って、キッザニア内で買い物をしたり、サービスを受けたりすることも可能です。銀行があり、専用通貨の預金もできます。施設内には完全なる「キッザニア経済圏」ができあがっているのです。

僕はここに、3歳になる息子を連れていきました。クロネコヤマトで配達の仕事をし、ピザーラでピザを作り、息子はかなり、労働を満喫しているように見えました。まだ幼いため、ときには勝手な行動をとってキッザニアのスタッフを困らせたり、年長の子どもたちに迷惑をかけたりもしていましたが……。

僕は息子の楽しげな様子を見ていて、あることに気づきました。キッザニアには、まさに**お金（入場料）を払って労働の権利を買う、コンテンツ化した未来の労働の世界が広がっていると。**

当然ですが、キッザニアには、つらい表情で働かされている子はひとりもいません。どの子どもも自分の好きな仕事、やってみたい職業を選んで、いきいきと働いています。子どもは、理屈がわからなくとも、時代の最先端を見ているものです。子どもが楽しんでいることは、次の時代の象徴になっていく。僕はそう思っています。

キッザニアがこれだけ急成長しているのは、子どもたちが「働くことは楽しいことだ」「働くことは面白くあるべきだ」と本能で感じているからです。未来の労働の世界観はキッザニアにある。僕はそう確信しました。

「労働」と聞くと、きついこと、生活費を得るためにしかたなく働くイメージが付きまといます。しかし、**労働は本来やりがいのある、楽しいことなのかもしれません。社会の役に立ち、自分の成長が実感でき、それにふさわしいリターンが得られる行為こそ、労働であるべき**です。

これまでの、時間で拘束してわずかな報酬を与える労働のシステムは間違っていたのではないかと思います。会社と社員はどこまでいっても利益相反関係から逃れることはできませんから、そこで一生懸命働けば働くほど、有能な人ほどストレスはたまっていきます。もともと無理のあるしくみなのです。

その意味でも、僕は、今後お金を稼ぐのは投資に任せて、労働はコンテンツ化だと思い、娯楽化する生き方をお勧めするのです。

このコミュニティは、僕が面白く感じ、有意義だと思う「コンテンツ」を月額1万円で提供するサロンです（中学生以下は無料）。

具体的には、僕はこのコミュニティで、起業支援やM＆Aエグジット支援、エンジェル投資、アクセラレータプログラムなどを行おうとしています。そこで、どのような仕組みにしているかというと、まず、コミュニティ内で、「事業計画の作り方」とか「会計」とか「ファイナンス」を学べるような仕組みを作っています。これは僕が講師で、メンバーが生徒、のような一方通行のものではありません。

メンバーたちが、自分で何を学習したいかのテーマを決め、その内容やレベル感に伴って学習法を決めます。対象企業に取材依頼をすることもあれば、トークセッションなどの場を作ることもあれば、合宿などの形式にすることもあります（海外の学習スタイルでよく用いられている、プロジェクトラーニングメソッドというものを取り入れています）。

これに対し、僕は自分の知り合いを連れてきたり、pedia のメディアを貸し出したりして、学習の機会やきっかけを提供します。

pedia salon はもともと、ニュースメディア「Pedia News」から派生させたものであるため、pedia はすでにスタートアップ界隈の良質なニュースを提供するメディアとして一定の評価を受けており、取材依頼が日々多数寄せられています。

企業がプレスリリースを打つ前の情報が pedia に集まるため、スタートアップ業界の動向をいち早く把握して、最新の情報を pedia salon のメンバーに提供することもできます。pedia のニュースに登場した起業家やＶＣ（ベンチャーキャピタル）に声をかけやすいため、オンラインサロンのイベントや勉強会にも頻繁に登壇いただくことが可能です。

このような仕組みを作ることで、企業やM&Aエグジットに対する様々な知見が手に入り、メンバーの間で、各自がアドバイスし合えるコミュニティができてきます。そうすると、メンバー間のコミュニケーションだけで、アドバイスが完結するという仕組みを狙っています。

これをやると、TIGALAに案件の依頼として来るはずの話が、月1万円で解決してしまい、会社としての収益が減ってしまうのではないかという声も社内では最初有りましたが、それでよいと僕は考えています。

メンバー間で相談や案件が完結してくれれば、TIGALA社の収益としては一時的に減るかもしれませんが、TIGALAで受ける案件としては、メンバーだけでは解決できないようなより難易度が高く、重要性の高い仕事依頼が来るようになり、TIGALA社の付加価値も上がります。それだけでなく、そのメンバー間の口コミ効果も大きく、お金を使って広告宣伝をどれだけしても手に入らないようなエンゲージメントも手にすることができるのです。

また、今後力を入れていこうと考えている、エンジェル投資やアクセラレータプログラムに関しても、同様です。かなり変わった仕組みですが、pedia salonでは、月額会費をメンバーの経営する会社に投資する運営ルールを設けていく予定です。

pedia salon内に、投資委員会を置き、委員はメンバーの任期持ち回り制にする予定です。メンバーの意向を踏まえながら、メンバーのビジネスに投資していくしくみをつくっていきます。

昔は、経営者同士の情報交換の場があまりありませんでした。そのため、経営を一度もしたことのない税理士や銀行の支店長から経営のアドバイスをもらうという、おかしな慣習が当たり前でした。

今の若手起業家たちは税理士のことを必要以上に崇めたりしませんし、取引銀行の支店長の名前も知りません。そんな人たちの話を聞くより、成功した経営者の話やトレンドを参考にしたいと思っています。税理士や銀行の支店長に意見を求めるより、そのほうがよほど合理的です。

投資マインドが当たり前のものとなりつつある今、起業家もM&Aエグジットを果たした後に投資家となって若手起業家を応援したり、投資家をしながらまた起業したりすることが増えてきました。シリアルアントレプレナー（連続起業家）の増加によって、起業のエコシステムが生まれつつあるのです。このシステムに乗ったほうが一から苦労するよりもスピード感を持った起業ができますし、なにより効率的です。

pedia salonも運営してまだ3カ月程度ですが、実際に投資家とマッチングした事例も2つほど出てきています。

pedia salonでは、起業家を金銭的・精神的・技術的に支援するコミュニティとして、起業家やスタートアップのエコシステムに貢献していける立ち位置をめざしたいと考えています。

投資を始める前に、まずやっておくべきこと

ここで一つ、誤解のないように言っておきたいことがあります。それは労働の価値は希薄化しても、努力の価値がなくなるわけではない、ということです。

お金を儲けるには労働より投資のほうがよいとお話ししました。しかし、投資はお金を放り投げて寝ていれば勝手に増えてくれる行為ではありません。

ハンガリー系ユダヤ人投資家のジョージ・ソロスが、「良い投資とは退屈なものである」と言っています。この言葉は、投資の本質をうまく言い表しており、これから投資を始める人にはおおいに参考になるのではないでしょうか。

投資という言葉は、イチかバチかの丁半博打のようなイメージ、短期売買で利益を出すような派手なイメージを持たれがちです。「地道に働いて、コツコツ貯めることこそ尊い」という価値観の人は、投資と聞くと「楽して儲けやがって」と思うようです。しかし、それは投資未経験者の単なる偏見です。投資について無知なだけです。

投資の意思決定をするためには、情報を集めてきて分析するという地道な作業の繰り返しが必要とされます。価値の上がったり下がったりに一喜一憂することなく、むしろ真面目にコツコツと、自分のやるべきことを積み重ねることが重視されるのです。

投資とは、同じ行動を100回とった時に、期待値がプラスになっているかどうかを見極め、そこで利益を生み出していく世界です。自分が心の底から興味を持って理解し、納得のいく分野でしか投資は続きません。

正解はありませんし、100人の投資家がいれば、それこそ100通りの投資手法が存在します。努力をするにしても、どういった方向性でどんな努力をすべきかは、人によって違います。

投資対象はこの分野でいいか、このコミュニティでいいかを決定するのも、選んだものに投資を続けるのも、つねに自問自答が必要です。自分の選んだ投資先は信用できるのか、怪しいものではないのか。誰も正解は教えてくれませんし、会社勤めと違い、誰も代わりにやってくれる人はいません。自分で勉強し、自分が理解できたと納得して投資をしなければなりません。その結果である成功も失敗も、背負うのは自分です。

投資の過程では、つど厳しい自問自答と意思決定が求められます。地道でつらく、我慢のいる作業が必要となります。その努力も行なってすぐに反映されるわけでなく、長期的にしか跳ね返ってきません。その分、努力するつらさはあると思います。

そう、投資家も労働者と同じく、それなりにつらく、忍耐は必要とされるのです。投資とはハイリスク・ハイリターンなのです。しかし、腐らずコツコツと努力し、自分でリスクを負った分、リターンは大きくなります。そのリターンは、会社員として得る給料よりよほど大きいですし、やりがいや達成感も大きなものになります。

単純にお金と時間をキャッチボールのように交換する価値がなくなりつつあるだけで、方向を定めて努力することが大事なのは変わりません。その点を勘違いしないでほしいと思います。億り人も起業家もユーチューバーも、時間ではなく、「投資」という努力によって短期間でお金を儲けているのです。

投資家として成功したいのなら、今の環境をまず土台とするべきです。準備不足のまま投資をいきなり始めようとせず、今の環境で最大限成果を上げ、今いるコミュニティ（会社でも、サロンでも、家庭でも同様）で付加価値を作ることです。

投資に必要なものは、良質なコミュニティ形成です。今いるコミュニティで付加価値を出せない人が、自分のコミュニティは形成できません。

皆さんは、今、何かしらのコミュニティに必ず帰属していると思います。

そのコミュニティの特権はしっかりと活用できているでしょうか。

企業で労働者として働いている方も多いと思いますが、企業のブランド力やネットワークを活用できる利点はそれなりに大きいものです。

労働は希薄化するというお話を散々させていただきましたが、努力が希薄化していくわけでは無いのだということはくれぐれも忘れることのないようにしてください。

「投資家」は最も「自分らしさ」が求められる職業

このように、労働の価値は年々希薄化しています。労働してお金がもらえるどころか、労働する側がその権利を買う「逆ざや」の現象まで起こっていることを説明いたしました。僕が、伝えたかったこと。それは、**今の仕事を失ったり、変えたりするときに、雇用されて労働する選択肢を当たり前のように選ぶ必要はない**ということです。

第2章の冒頭でみなさんに「1年後、今の仕事をクビになり、その後はどこからも雇用され**ないとしたら?**」と問いかけをしました。**そこまで言われなければ、また別の会社や団体に雇われて労働する道を無意識に選ぶ人は多いと思います。**僕が「労働は麻薬だ」と言うのはそういう意味です。

しかし、ここまでおわかりのように、労働でお金や自由を手にするのはもはや難しい時代になっています。その点を自覚し、これからはすべての人に投資的な視点で生きてみてほしいのです。

効率のよい投資ができるようになれば、お金も時間も手に入ります。お金と時間が手に入れば、自由も手に入ります。長くストレスのたまる時間を使って通勤する必要はありません。時間で拘束されることもありません。潤沢なお金と時間を使い、さらに投資を続けながら、自分のやりたいことに時間をあてることができるのです。

投資家になるということは、自分で頭を使い、行動を起こし、コツコツと努力をすることに他なりません。ときには身を切るようなつらい判断、大きなリスクのある意思決定もしなくてはなりません。しかし、それは人生にエキサイティングさという色彩を添えてくれます。自分の人生を生きている実感があります。

労働者として働いてもたいしてお金を稼ぐことはできない。しかし投資家として生きるのも楽な道ではない。それでも労働でお金が稼げないこれからの時代、僕らはみな、好むと好まざるとにかかわらず、投資家として生きねばならないということが、僕が最も伝えたいことなのです。

これからはすべての人が、「本業＝投資家」であるべきです。労働は人生のときどきで、労働でしか得られない価値を手に入れたいときにだけ、娯楽としてやればいいのです。

極端な話ですが、少ない原資を増やしていく方法を身につければ、「ベーシックインカム長者」なんていう人種が登場する可能性だってあります。ベーシックインカム（最低生活保障）の制度が日本で整備され、誰もが最低限度の生活を保障される時代になったとき、そのお金を原資に投資でうまく暮らす人、何とか暮らせるどころか、多大な利益を生み出す人まで出てくるかもしれません。

投資で生きていくことは、これからの人間にとっての生産活動の主軸になっていくはずです。あなたは投資家を本業とするべきなのです。

投資家視点を持てば、今やっている単純な労働だって、投資の思わぬヒントになるかもしれません。たまたまあなたが工場で働いているとしても、そこでやっている労働からは得るものが無いかもしれませんが、少し視点を変えてみると、何か気づきがあるかもしれません。

僕は学生の時、フライドポテトの容器を用いてお金儲けをした経験があります。

フライドポテトの容器でお金儲けをしたからくりは、いたって単純なものです。学食のフライドポテトは、容器代込みで200円でした。食べ終わって容器を返却すると、100円が戻ってくる仕組みです。

あるとき、僕はすごいことに気づきます。

この容器を返さずに集め続けたら、いずれ学食側は容器不足で悩むことになる。そうなれば、容器の回収率を上げるために容器代を値上げするに違いない。そう思いついたのです。

その仮説を考えた後の僕は、容器集めに邁進《まいしん》しました。お金持ちの子息が多数を占める中高一貫校だったためか、容器を返さずにテーブルに置いたまま帰ってしまう生徒、教室で食べて、別棟の学食まで容器を返却しに行くのが面倒だといって返さない生徒がたくさんいました。

僕は彼らから容器を50円、ときにはタダで譲ってもらい、放置された容器を拾い集め、ついに1000個を超える容器を手元に置くことができました。

困ったのは学食側です。僕が予想したとおり、容器不足に困った挙句、容器の回収率を上げようと、容器代を100円から200円に値上げしました。ついに僕の待ち望んでいた瞬間がやってきたのです。

すぐに僕は保管していた容器を学食に持ち込み、換金してもらおうとしました。学食側は容器代を支払うのをかなり渋りましたが、僕もここまでくるのに1年以上かけて頑張ってきたわけです。最終的にはこちらの要求どおり、学食で容器代を換金することができました。一気に20数万円を手に入れることに成功したのでした。

このように、なんて事のない学生生活を行なっていても、投資の機会は視点の持ちよう次第で発掘することができるのです。

僕は、**投資のコツは、視点が8割**だと考えています。ただ、その視点というものは、日経新聞や、ニューズピックスを眺めていても身につけることができるものではありません。**少し踏み込んだ視点や、少し斜めから世の中を見ることが必要になり、そこには自分だけのオリジナリティのある切り口が必要になってきます。**

自分のオリジナリティを活かせるような業界のひずみや、工夫は、世の中の至るところに存在します。**世の中は、あなたが思っている以上に、宝の山だらけ**なのです。

この「宝探し」は、自分の経験や勘を総動員しながら探していく、究極のレジャーです。投資の世界にどっぷりつかりながら、自分探しも楽しんでみてください。

みんなが気付いていない、投資機会を見つけ出し、リスクを取ってリターンを得た時の快感は、何物にも勝ると思います。

医療のパラダイムシフトが僕らの投資家転身を後押しする

労働でお金を稼げる時代は終わり、皆が投資家として生きねばならなくなりました。この先、**数十年スパンで未来を予想するならば、これから「お金」の価値がますます増幅する**と、僕は考えています。

「お金よりやりがいが大事」「プライベートの時間を優先したいから、多少給料が安い仕事でもいい」、そんな悠長なことは言っていられなくなるのです。理由を説明しましょう。

将来、医療の世界にはパラダイムシフトが起こります。テクノロジーの進歩によって、医療分野の人為的ミスは減少します。ゲノムデータや血液データを基にAIによる的確で迅速な診断が実現します。医薬品や医療技術が急速な進歩を遂げ、不治の病と言われた病気を完治させたり、症状の進行を遅らせたりすることも可能になるかもしれません。ゲノムデータを使って病気の症状が現れる前に先立って発症予測や発症前診断を行ない、対処できる先制医療なるものも実現する可能性があります。

このような未来が現実となれば、加速度的に人間の健康長寿が延びていくのです。2050年の人間の平均寿命は120歳とも言われています。

テクノロジーの進歩は僕らが予想するより、何倍も早く訪れるかもしれません。早ければ10年〜20年ほどで人間は病気で死ななくなる、死ぬまで健康を維持できると考える科学者もいるほどです。平均寿命は120歳、150歳と延び続け、やがては人間が「不老不死化」するかもしれないのです。

人間が不老不死化したらどうなるでしょうか。時間の価値は希薄化どころか暴落し、空気のようにあって当たり前の存在になります。

そうなると僕らの価値観にはさらに大きな変化が訪れるでしょう。時間を惜しむ人は誰もいなくなるでしょう。それでも、寿命が延びればその分、生活に必要なお金は増えます。安心して長寿をまっとうするためには、安心して生活できるだけの資金を増やすことが欠かせません。

時間はいくらでもあるんだから働き続ければいい、と考える人もいるかもしれません。しかし時間は暴落していますから、それはあまり現実的ではありません。大して稼げないでしょうから止したほうがいいです。120歳になってまでコンビニでレジ打ちをしたいでしょうか。もしかしたら雇ってもらえるかもしれませんが、病気はなくとも、体力的にはつらいものがありそうです。

それに、それだけ時間があり余っているのなら、別のことに使いたいのではないでしょうか。すると、やはり投資でお金を稼げることが重要になってきます。

人間は長生きすればするほど、国に頼るばかりでなく、自分で高齢期の生活を支える術を考えなければなりません。僕らよりひと回り上の団塊ジュニア世代は、新卒の頃に就職氷河期にあたってしまったおかげで、他の年代より非正規労働者の割合が高いと言われています。そのまま高齢化すると、せっかく長生きできても生活費を心配しながらの老後を送らねばなりません。

ある程度の元手を使って投資や資産運用をする力があれば、安心して生活していけるだけの収入を確保することができます。お金の心配をすることなく、人生を楽しめます。**お金を投資で増やしていける人がますます有利な時代になるのです。**

パラダイムシフトが起こってから投資を始めようとしても遅すぎます。意外と早くやってくるかもしれない人間の不老不死化を見据えて、今から投資能力を身につけておくべきです。「人生200年時代」がやってきたとして、そのうち120年間、5％複利でお金を増やしていける人、労働報酬を定期預金に入れているだけの人がいたとしたらどうでしょう。稼げるお金の差はたいへんなものです。

3

インターネットで投資の「プロ」が絶滅した

Twitterで投資が回る時代に

若者が短期間で莫大な富を手にすることができる機会が激増しているという話は、第1章と第2章で散々述べさせていただきました。

ミレニアル世代の富裕層は、みな、投資によって儲けています。労働の価値が暴落し、投資でなければお金を稼げない時代になりつつあるという話もさせていただきました。

そもそも、このような状況はなぜ生まれたのでしょうか。その一番の要因は、「インターネット」です。**インターネットが登場し、僕らの日常生活に入り込んできたからこそ、短期間で大金を手に入れられる投資機会が増え、労働の価値が薄れた**のです。

近年はソーシャル・ネットワーキング・サービス（SNS）の普及によって、世の中の価値観が大きく変わりつつあります。それに伴い、稼ぎ方も生き方も、投資の仕方も変貌を遂げようとしていますが、その様子を詳しく見ていきましょう。

先日、インターネットの登場によって世の中の価値観が変わったことを感じさせる、象徴的なツイートを見かけました。シード段階（コンセプトやビジネスモデルのみで、まだプロダクトやサービスにまで落とし込めていない準備段階）にある25歳以下の起業家を対象に投資するベンチャーキャピタル（VC）、スカイランドベンチャーズの木下慶彦《きのしたよしひこ》氏がツイッターでこうつぶやいていたのです。

〝会社の事業がまだまだ立ち上がって無くともTwitterで発信し続けられてるやつはメンタルが強いと思っててそういう人に乗り続けたい。人はしんどい時には発信しないから。前を向けている証拠になる。〟

木下氏は、調子が良いときも悪いときも、つねに発信し続けられるメンタルを持っている若者に投資したいと言っているのです。

たいてい、人は自分に都合の悪いことが起こると、それまで使っていたSNSでの発信をぴたりと止めます。下手な発信をすれば、批判のリプライが殺到し、いっそう叩かれ、「炎上」するかもしれないからです。事業がうまくいっていないときは、うまくいっていないことを知られたくないから情報発信も億劫《おっくう》になります。

これが通常の反応ですが、なかには批判されている状況や苦境に立たされている状況の中でも自分の意見を発信し続ける人がまれにいます。木下氏はそういう姿勢の起業家がいれば、その意気を買うし、そういう人にこそ出資したい、と言っているわけです。

インターネットが投資社会を後押しする

これはSNSがなかった時代には考えられないことです。無料のSNSで発信し続けるだけで、まだ立ち上がってもいないビジネスの可能性を見出してくれる人が現れる。出資を受けるチャンスが巡ってくる。つまり、短期間でいとも簡単に一段階、人生ステップアップできてしまうわけです。これはインターネットやSNSが浸透したから生まれた現象にほかなりません。

インターネットによって、非常にお金が回りやすい世の中になりつつあるのです。

これまでは、企業に対する投資と言えば、投資銀行などの大手金融機関が、ある程度の成長企業に投資することが一般的でしたが、このようなベンチャーキャピタルが増えてきたことは、**大きな時代の変化**なのです。

先ほどのツイートをもとに例え話をしてみましょう。

ここに、シード段階のスタートアップ起業家がいたとします。仮にS君(20歳)としましょう。彼はビジネスモデルはつくったものの、なかなか資金調達ができず、事業を本格的に稼働させるのに四苦八苦しています。

そんなS君はツイッターユーザーでした。なんとか資金調達をしようと奮闘する彼は、状況が苦しいときもそうでないときも、ツイッターで日々思うことを発信していました。自社のビジネスモデルについて、今日起こった出来事に対する感想、なかなか資金調達できない焦り、将来展望、などなど。短くシンプルな、本音のツイートを毎日発信し続けました。それはS君の日課となっていました。

ある日、S君のビジネスモデルの将来性と彼の頑張りに目を留めた人がいました。VCで働くK氏です。彼は将来有望な若手に出資すべく、オンラインでもオフラインでも、日夜情報を集めていました。
そんなとき、何気なく見ていたツイッターでまさに条件に合う起業家が見つかったのです。そして、K氏からS君にダイレクトメッセージが飛んできました。二人の間で、すぐに会う約束がまとまります。会社には5000万円のバリュエーションがつき、S君の会社はK氏の勧めるVCから500万円の出資を受けることができました。S君の会社は10万円の価値でしたが、ツイートをし続けていたことで4990万円もの価値を生み出したのです。K氏がS君を見出してから出資まで、わずか1カ月足らずでした。

極端な話、スマートフォンをかちゃかちゃといじり続けるだけでビジネスの価値を高めることができ、富を生み出せる時代なのです。インターネットによってお金が回りやすくなったというのはこういうことです。

ただ、お金が回りやすくなったといっても、それはゼロからお金が生み出されるわけではありません。

今のS君の話でいうと、彼はもともとバイタリティがあり、いつか500万円の出資を受けるに値する青年なのです。そのタイミングがいつやってくるかは誰にもわかりませんが、時間さえかければ、彼はそのうち出資を受けられたでしょう。もともとS君はポテンシャルのある、将来有望な若者なのですから。

しかし、出資してくれそうな人物を見つけ、アポイントを取って事業計画を説明し、会食やミーティングを積み重ねて信頼関係を構築し、最終的に出資を引き出すには相当な時間と労力がかかります。

お金が回りやすくなっている今は、その出資までの期間がSNSを使い続けることによって短縮される可能性が高くなりました。インターネットのおかげで、S君の発信するツイートは不特定多数の人にすばやく届けられます。人々がS君の情報を入手する時間が短縮され、S君を見出すきっかけが早まります。その結果、出資を早く受けられたということです。

出資を受けるまでに1年かかっていたのに、ツイッターでつぶやくことによって1カ月で話がまとまる。お金が回りやすいとはそういうことなのです。

起業家をめざしてはいるが、怠惰でやる気もあまりない人がツイッターを使ったら、あら不思議！ ５００万円入ってきた、という魔法のような話ではありません。ＳＮＳが普及した現代は、何の価値もない人が価値を持つようになった世界ではないのです。

検索エンジンからＳＮＳ、そして、ブロックチェーンへ

お金の回りやすい世の中をつくり出したインターネットは、どのようにして発展し、投資社会に入り込んできたのでしょうか。

ＳＮＳはここ10年ほどで加速度的に伸びてきたサービスです。それ以前は、グーグルやヤフーに代表される検索エンジンがインターネットでの情報収集を支えてきました。膨大な情報を掲載できるのがインターネットのメリットです。しかし、あまりに膨大であるがゆえに、どこに何の情報があるかを探すのはたいへんでした。

その点を解決したのが検索エンジンであり、それを活用したポータルサイトです。探し

たい情報に関するキーワードを入力すれば、無数にあるサイトの中身を判別して、ユーザーにとって有用と思われるサイトを、優先順位をつけて教えてくれる。検索エンジンはインターネットのコンシェルジュとしての役割を果たしました。

ただ、そんな検索エンジンにも弱点がありました。それはユーザーが入力したキーワードや、それに類似した情報以外を拾いづらいことです。

検索エンジンはキーワードに対する適合度合いで優先順位をつけるため、確かにキーワードが含まれてはいるものの、ユーザーにとって役に立たないサイトを上げてくることもあります。ひと口にキーワードといっても、そこには「好みのレイヤー」があり、検索エンジンの性格上、そうした情報をサーチすることは難しかったのです。

人間は、自分の認知をひと回り、ふた回り超えた情報を新鮮と感じ、そうした情報を手に入れたい願望を持っています。ユーザーの細かな好みまでは判別できない、ある意味事務的な点が検索エンジンの欠点だったのです。

そのうち、テクノロジーの発達に合わせてユーザーが急激に増大し、それに伴いインターネットでできることも格段に増え始めます。

たとえば、僕がオンライントレードを始めたのは2000年頃。最初の起業をする直前のことです。中学生でオンライントレードをやっていたと言うと、すごい才能の持ち主と思われることが多いのですが、何のことはない、単にこの頃から電話での受発注に代わり、オンラインでも株取引ができるようになった、ただそれだけのことです。おそらくオンライントレードができなければ、僕が株をすることもなかったでしょう。やったとしても、もっと遅かったと思います。

最初の起業では僕はSEO事業を柱に据えていましたが、これも同じことです。インターネットが発達したからこそ、SEO事業をメインとして会社を立ち上げようと思いついたのです。

ダイヤルアップモデムで接続していた時代のインターネットユーザーは3000万人に

過ぎませんでした。ところがモバイル・テクノロジーが発達したことで、インターネットに接続できる人は今や数十億人単位となっています。２０１８年現在、インターネットを利用する人は全世界で約37・7億人です。これは世界の人口の約50パーセントにあたります（We Are Social による調査「DIGITAL IN 2017 GLOBAL OVERVIEW」より）。

そのうち、「検索エンジン頼み」だったインターネットでの情報収集手段に変化が訪れます。インターネットユーザーが増えたことで、「人」が情報のキュレーションをする役割を果たし始めたのです。

人がキュレーションを担うと何が起こるでしょうか。ユーザーは検索エンジンの示す情報より、自分と好みの合う人が発信する情報に価値を置き始めます。自分の好みに合い、かつ自分の認知範囲をひと回り、ふた回り超えた新鮮な情報を人が提示してくれるようになったからです。これは検索エンジンにはなかなか難しいことです。

検索エンジンでめざす情報にたどり着くより、自分好みの情報を発信している人をフォローするほうが楽だし、確実です。そのことに気づき始めたユーザーに、SNSは一気に広まっていきました。さまざまなSNSサービスが登場し、人々はこぞって新しいサービス、好みのサービスを選び、使うようになったのです。

メディアリサーチャーの天野《あまの》彬《あきら》氏がその著書『シェアしたがる心理〜SNSの情報環境を読み解く7つの視点〜』（宣伝会議）で、情報収集の環境変化、つまり検索エンジンからSNSへの変遷を「『ググる』から『#タグる』へ」と表現しましたが、言い得て妙です。「ググる」（検索する）は一過性のものですが、タグる（タグ付けする、フォローする）は半永久的で、より的確な検索エンジンを手に入れるようなものです。自分の好みを外すことなく、なおかつ新鮮に感じられる情報が、苦労して探さなくとも自動的に流れてくるのです。この点に人々は夢中になりました。

今の10代の若者にとって、もはや検索エンジンは主流ではありません。「ググる」のは手間だと思っています。検索エンジンが上げてくる情報の中から、自分が最も求めているのはどの情報なのか、自分でさらに見極める手間が発生するからです。

そんな面倒なことはしたくない、好みのキーワードがタグ付けされている情報だけをスムーズに手に入れられればよいと考えています。その方が楽だし、情報にハズレがないのです。

SNSの浸透を加速させた要因はほかにもあります。それはパソコンや携帯端末が進化し、画像や動画が簡単にアップロードできるようになったことです。

端末の処理能力が急速に高まり、個人がプロフェッショナルなツールを安価に手に入れることができるようになりました。それに伴い、画像や映像の加工を誰もが手軽に行えるようにもなりました。特別な能力がなくとも、ユーザー一人ひとりが価値を生み出すクリエイターになれたのです。

以前は大きなデータはアップしづらく、表示にも時間がかかるものでした。今ではそれが簡単にできます。画像や動画で表されるものを文字データで送るとたいへんな量になりますが、画像や動画にすれば、1枚の画像、短時間の動画ですみますし、情報の受け手側も瞬時に内容を理解できます。こうした大容量のデータを個人が手軽に扱えるようになったことも、ＳＮＳの成長・拡大を促進しました。

このように、情報がインターネット上に爆発的に出てきたことによって、投資家も、投資を受ける側も、インターネット上の情報をもとに判断することができるようになってきたのです。

これまでは、投資する際の定性的な情報を収集しようとすると、実際に直接現場に赴き、情報を足で拾うしか方法がありませんでした。しかし、今のインターネットには、実際に現地で収集できる以上の情報があふれています。

そのため、誰もがインターネットを活用することで、投資のプロ顔負け、むしろそれ以上の投資家になることができるようになったのです。

「お金」と「インターネット」がつながった社会

インターネットの発達によって出てきたのは、投資情報の鮮度が向上したことだけではありません。**インターネットがもたらした経済活動によって、みんなの行動様式が変化し、新たな投資機会や新たな価値も生まれてきました。**

それは、共同体の中で生きる人間というものが多かれ少なかれ、何かしらの形で評価されたい、認められたいと望む生き物だということから生まれてきた、新しい価値の源泉です。この点はSNSの成長・拡大を見る上で無視できない要素だと思います。

人間として生きているうえで、まったく承認欲求のない人はほとんどいないのではないでしょうか。しかし、これまでは、よほど大きな成果を出した人や幅広い世界で知られる人、誰もがその業績を認める人しか社会から評価を受けることはできませんでした。

今はSNSという世界があり、その中に無数にそれぞれのムラ社会、つまりコミュニティが存在します。SNSは別の言い方をすれば、コミュニティ・プラットフォームです。

そこでは自分の存在価値が友だちの数やいいねの数、ファボの数といった数字で可視化されています。一人ひとりの存在価値が見えやすくなったのです。

さらにSNSは気軽にコンテンツを作ることができ、気軽に評価し合うことも可能にしました。

フェイスブックやツイッターが支持されているのは、このコミュニティ・プラットフォームを使って承認欲求をうまく刺激するしくみをつくれているからです。

新たな価値が発生しているとすれば、そこに投資機会が発生します。

僕は以前、インターネット上に多くのWEBサイトを作り、WEBサイトを一種の資産として考え、その資産を活用してリターンを得ていましたが、**自分のSNSアカウントを作成し、運用すれば1円もお金をかけることなく資産を作ることが可能になる**のです。

投資機会を発掘するだけにとどまらず、自分の資産としてもインターネットを活用できる

ことで、お金の循環の仕方が大きく変わったと思います。お金とインターネットの親和性は非常に高く、インターネットによってお金の稼ぎ方、お金の運用法が大きく変わっていったのです。この、インターネットが変化させた事象をもう少し深掘りしてみていきたいと思います。

情報価値が「四捨五入されない」世界

インターネット、そしてSNSの発達は、端的にいえば、コミュニティの金銭的価値を増大させた。僕はそう考えています。

投資とは、コミュニティを形成することだと述べましたが、自分のコミュニティを作ることは、投資のチャンスを見つけることに直結します。SNSが、投資における資産になるという理屈は、まだピンと来ない方が多いかもしれませんが、もう少しおつきあいいただければと思います。

SNSが登場するまでは、情報は「四捨五入」されるものでした。ある一定のレベルを超えない情報は、価値ある情報と見なされず、無いものとして扱われていたのです。この状態を、僕は「情報が四捨五入される」と表現したいと思います。

たとえば、あなたの地元の近所に住む女性がオーディションに合格し、歌手デビューしたとしましょう。この時点では、近所で少々話題になるかもしれませんが、彼女の価値はまだ限りなくゼロに近い状態です。「ふーん、すごいね」「よかったね」ぐらいで流される話題かもしれません。わずかな価値はあるけれども、それはまだ多くの人が認めるレベルにいたっていないため、その小さな価値は四捨五入され、周りからは「ゼロ」、つまり無価値であると見なされているのです。

ところが、彼女のデビュー曲がヒットし、彼女がテレビ番組に登場する機会が増えてきました。CDの売上枚数が伸び、オリコンランキングでも1位になったとしたらどうでしょう。ロクに会ったこともない親戚が親戚ヅラしだしたり、親しくしていた覚えのない「自称友人」が現れたりするはずです。この時点になって初めて、彼女の価値を誰もが認めることになります。彼女に関する情報が、価値あるものとしてようやく認知されたのです。

これが、SNSが登場するまでの状況でした。情報は一定レベル以上の価値を持たなければカウントされず、切り捨てられ、無いもの扱いされてきたのです。

「山田君の夕飯の画像」に金銭的価値が生まれた

情報も同じです。かつての価値ある情報とは、取材を受けて新聞に取り上げられたり、広告に載ったりしたものでした。メディアに価値を見出され、不特定多数の人に届けられる情報以外は、よほどのものでなければその価値はゼロでした。

新聞であれば、記者が取材して原稿を書き、それをレイアウトして印刷工場に回し、刷り上がった新聞を新聞配達員が郵便受けに配達して、ようやく情報が人々のもとへ届きます。そして多くの人が目にし、記事の内容が理解されて初めて、ようやく価値ある情報だと判断されていました。そこには膨大な手間と時間がかかっていたのです。

このような時代には、隣りの家の山田君の夕飯の画像を見せられたところで、誰も何も反応しなかったでしょう。もちろん、その画像に価値などありませんでした。いや、あったかもしれませんが、あまりにその価値が小さすぎて、人々が認識できるまでにはいたっていませんでした。

ところが、インターネットが登場し、ユーザー数が増え、SNSが社会に浸透すると状況は大きく変わるのです。

ユーザー数の増加に伴い、インターネット上の情報も膨大な量となっていきます。利用者が多く、アップされる情報も多種多様なだけに、情報の価値も細分化される傾向が強まります。ユーザー数が増えれば、どんなに小さな価値であってもその情報を必要とする人が世界中のどこかに存在する状況が生まれるため、どんなにささいな情報も価値あるものと認識されるようになっていったのです。

これまで価値がないと思われてきた山田君の夕飯の画像にも価値が見出されます。その画像がコミュニケーションのきっかけになったり、ある人の今日の夕飯のヒントになったりすれば、たとえその価値が小さくともゼロとは見なされなくなりました。たとえその価値がわずか0・01円でも、です。ユーザーが増えれば増えるほど、情報がたくさんあればあるほど、情報の価値は細かく認められるようになっていくのです。

情報の価値が細分化され、その情報に金銭的価値までつき始めたことを表しているのがフェイスブックやツイッターの人気ぶりです。たとえばフェイスブックは、山田君の夕飯画像に価値づけをし、その情報を企業に提供することで利益を生み出しています。もともと0円だと切り捨てられていたものを0・01円で売っているわけですから儲かるに決まっています。こうして間接的にではありますが、山田君の夕飯画像に価値が生まれたのです。こうして山田君の暮らす生活圏＝コミュニティにも価値が生まれていくのです。

このように、細分化された情報のもとにフォロワーが集い、小さなコミュニティをつくりやすくなったのもSNSの恩恵のひとつでしょう。

今まで、コミュニティはそう簡単につくれるものではありませんでした。町内会なら、その地域に居住していなければ入れませんし、同窓会も特定の学校を出ていなければメンバーになれません。当たり前といえば当たり前なのですが、コミュニティに入るための要件はわりと厳しいものです。

また、コミュニティに参加するにはお金がかかります。月々いくら、年間いくらといった会費を払い続けなければ、コミュニティに所属し続けることはできませんでした。会費を払い続けることが、コミュニティに属している証明にもなっていました。

僕の母親は昔、茶道を習っていたことがあります。茶道はお金のかかるお稽古事です。月謝だ何だと支払う額がばかにならないため、我が家の経済状況では、そのお金を捻出することが厳しく、ついには茶道を辞めてしまいました。

今は名のある茶道教室に通わなくとも、有名な先生につかなくとも、フェイスブックのグループで気の合う仲間と気軽なお茶のサークルをつくることができます。高い月謝も必要ありません。気軽なサークルなら、かかるのは実費程度でしょう。伝統あるコミュニティに所属せずとも、好きなお茶を続けやすい環境になったのです。

このようにコミュニティも細分化され、流動性が高くなっています。どのコミュニティに入るか、いつ抜けるか。コミュニティに貢献し、コミュニティを拡大させるか、自分で立ち上げるか。うまくいけば、そこに金銭的価値が発生します。そうなると、コミュニティの持つ販売能力が認知され、さらにコミュニティの金銭的価値が上がっていくのです。

SNSでは、フォロワー数やファボの数、投稿につくコメントの数やその質などでコミュニティの金銭的価値を判断しやすくなります。その基準は、数字で表されるため客観的です。そのことが、ますますSNSでのコミュニティ形成を促しているのです。

投資プラットフォーム化した「SNS」

投資はコミュニティを形成し、そこに参加することです。

質の良いコミュニティ、成長可能性の高いコミュニティに根づくことができれば、それだけ利益が手に入る可能性が高まります。リソースを提供し、リターンを期待する行為はまさに「投資」そのものです。

コミュニティは参加してもいいのですが、自分が中心となって形成することだって誰もが可能です。

情報が四捨五入されなくなったことは、従来の富裕層とは異なる稼ぎ方の富裕層も生み出しました。それがインターネットの世界で「インフルエンサー」と呼ばれる人たちです。

インターネットのおかげで小さな情報の金銭的価値が認められるようになったため、その情報を求めるフォロワーが集い、彼らの形成するコミュニティも多様化し、それぞれが金銭的価値を持ち始めたというのが、インフルエンサーの背景です。

そうなると、フォロワー数や、所属しているコミュニティの質や数、そうしたコミュニティを形成する側か参加する側か、ということも評価軸として機能し始めます。

フォロワーを「戦闘力」と呼ぶ人もいます。そのことを端的に表している、ツイッター上での「喧嘩」を引用しましょう。

2018年の年明け、あるウェブメディアの編集長がツイッターユーザーと言い合いになりました。いくつかのツイートの応酬の後に編集長が発したツイートは、「フォロワー数は価値」と考える人の存在を印象づけました。

〝おまえのフォロワーは、たった81人。偉そうな口をきくな！　くやしさを嚙みしめろw〟

メディアの編集長ならもっと理路整然と持論を展開してもよさそうなものですが、彼はこう言い放ったのです。フォロワーの多寡が大きな影響を持つ世の中になった証拠でしょう。

実際、フォロワーがお金の代わりとして機能する場面も出てきています。美容院や旅行代理店、居酒屋などでSNSのフォロワー数に応じて値引きをする「フォロ割」も登場しています。情報発信が得意なフォロワーの多い人に価値があると認める社会が生まれているのです。

このような事象は、最近では「評価経済社会」と名付けられています。このように、人

からどのくらい評価されているかが可視化されやすくなったことによって、新たな経済圏が動き出したのです

ここで、二人のインフルエンサーに着目したいと思います。幻冬舎の編集者である箕輪厚介氏と、モテクリエイターのゆうこす氏です。

彼らはその情報発信力を武器にSNSのフォロワー数を増やし、コミュニティを形成し、情報の金銭的価値ばかりか、自分自身の金銭的価値をも高めることに成功しています。インフルエンサーは、インターネットが登場したことによって生まれた新しい稼ぎ方なのです。

箕輪氏の例から見ていきましょう。彼は幻冬舎という出版社の社員で、幻冬舎から月々の給料をもらっています。彼は会社の仕事として見城徹《けんじょうとおる》氏や堀江貴文氏といった著名人の本を数多く手がけ、ベストセラー本にしてきました。その圧倒的な仕事量、熱量にあふれる編集術、歯に衣着せぬ物言いやユニークな意見が共感を呼び、箕輪氏のツイッターや

noteには多くのフォロワーがついています。

箕輪氏はオンラインサロンを運営しています。当然、彼の熱狂的なフォロワーはそこにお金を払って参加します。フォロワーはサロンという場を得たことで、ツイッターやnoteの一アカウントの域を超えた、「コミュニティ」となりました。

コミュニティでは、フォロワーが毎月お金を払って、箕輪氏の情報を拡散したり、箕輪氏の活動を支援してくれたりします。箕輪氏はその力を得て、ますます彼個人や彼の発信する情報の金銭的価値を高めていきます。コミュニティでマネタイズができるようになったのです。

昔も人気や人望のある人にはフォロワーのような人がついており、そこに大なり小なり金銭的価値はあったでしょう。ただ、以前はそうした人々は可視化されておらず、外部から評価するのは困難でした。

今はフォロワーがSNS上で数字として可視化され、客観的にその価値を判別できます。

そうなると**フォロワーや、彼らが形成するコミュニティが急激に金銭的価値を持ち始めるの**です。

そこでさまざまな仕掛けをしてマネタイズしているのが、今の箕輪氏の状況です。彼は今では幻冬舎の給料の何倍もの報酬を社外のコミュニティで生み出しているそうです。コミュニティの拡大の仕方もマネタイズの方法もわかっていますから、彼は今後もコミュニティを大きくしたり、分散化したりして、さらに大きな稼ぎを得ていくことでしょう。

僕はこうした箕輪氏の活動を、本人を通して見聞きし、ミレニアル世代（箕輪氏は1985年生まれ）がまさに富裕層になろうとしている瞬間に立ち会っているのだと感じています。

元HKT48のメンバーでモテクリエイターのゆうこす（本名 菅本《すがもと》裕子《ゆうこ》、1994年生まれ）氏も潜在的なミレニアル富裕層です。

彼女は鳴かず飛ばずのアイドル時代からニート生活を経て、モテクリエイターとしてブレイクしました。そのブレイクの裏には、彼女の戦略的なSNSでの情報発信があったことはみなさんもご存じでしょう。

彼女はYouTubeやインスタグラム、ツイッターといったSNSの特性を熟知し、どのSNSではどんな情報発信をすればフォロワーを効果的に増やせるかを戦略的に考え、発信し続けています。そのノウハウを本にまとめ、書籍にもしています。今や年収は億単位ともささやかれ、ミレニアル世代富裕層の仲間入りをしようとしています。

今まで価値がないと思われていたものをお金に変える術に長けているインフルエンサーたち。彼らがこうした稼ぎ方をできるのは、インターネットというテクノロジーがあったからこそです。そしてSNSが、さらにその傾向を加速させています。

情報の価値が四捨五入されなくなり、コミュニティをつくりやすくなり、そのコミュニティでマネタイズができるようになりました。若者が短期間で、大した原資を持たずとも大金を手にできるチャンスが増えたのです。

近年、「好きなことを仕事にしていたらお金になった！」という話をよく聞きます。これは僕から言わせれば、「好きなことをしていたからお金を稼げた」のではありません。インターネットやSNSによって環境が変わり、これまで価値があると思われていなかったものの価値が顕在化し始めました。運良くなのか戦略的になのかはわかりませんが、その「これまで価値があると思われていなかったもの」に結果的に投資していた人が、このタイミングで儲かっただけの話なのです。

「好きなことでお金儲けができる」世の中になったのではなく、人々の価値観が変わり、お金儲けできる場所が変化しただけなのです。

僕から見れば、SNSはコミュニケーションサービスであると同時に、立派な投資プラットフォームなのです。

何百万円ものお金を使うものでもないので、認識はしにくいのかもしれませんが、きちんと運用し、自分だけの情報を発信することによって、フォローを受けることができ、マネタイズすることができるという点で、SNSは投資なのです。

インターネット、そしてSNSは、評価軸の多様化ももたらしました。評価軸は時代によって変わるものです。昔は長者番付に載っているかどうか、帝国データバンクでどう評価されているか、会社が黒字か赤字か、家は大きいか小さいか、地元の名士かどうか、PTA会長か……。これらの評価軸が通用する世界もまだ存在しています。

このようなSNS運用は、今から投資を始める人にとっては元手がかからないという意味において、最もとっつきやすい投資商品であると同時に、新しい投資の一つの形になっているのです。

SNSは新たな時代の「格付け機関」に

ここまで、SNSでコミュニティがつくりやすくなり、そこでマネタイズしている人は「投資家」であると説明してきました。しかし、恥ずかしながら、僕自身はこれまでSNSを軽視してきました。ほとんどやっていなかったのです。

理由としては2つあります。経営者として自己顕示欲を大っぴらにする人は成功しない確率が高いと感じていたこと。またつねに自分の行動を見張られ、それについて評価したりされなかったりするＳＮＳのムラ社会ぶりが好きになれなかったのも理由です。そんなことから、意識的にＳＮＳから距離を置いていたのです。

数年前にとある偉い方から「連絡はフェイスブックのメッセンジャーでしたいから、登録してよ」と言われ、僕はようやくフェイスブックのアカウントを取得するにいたりました。しかし、その方と連絡を取るときを除けばフェイスブックは開店休業状態。アイコンに画像すら入れず、放置していました。

本格的にツイッターやnoteなどのＳＮＳを始めたのは２０１７年からです。起業から16年が経っていました。ＳＮＳを使っていないことは起業家にとっての致命傷になりかねない、とようやく気づいたのです。

今やＳＮＳは会社や人物の信用の履歴になり、「与信管理」に使われるようになりました。こうなると、さすがの僕も無視できなくなりました。好き嫌いなんて関係ない、これは起業家として絶対にやらなければならない。そう感じたのです。

僕の読みだと、SNSは、企業や個人の投資格付け判断に今後メインで使われるようになっていくからです。

僕の言う、「格付け判断」の意味を説明しましょう。

たとえば僕の友人が、会社のM&Aを検討している人に、「TIGALAの正田君がM&Aの相談にのってくれると思うよ。一度会ってみたら」と紹介してくれたとします。紹介された側はまず、僕の名前や会社名で検索をかけるでしょう。

僕のフェイスブックやツイッターのアカウントをのぞき、どんなメディアにどういうテーマで取り上げられているかを見るはずです。共通の友達がいると安心感を抱いたり、フォロワー数が少なすぎるとこの人に頼んで大丈夫かな、と心配したりするかもしれません。経営する会社のホームページの更新が2年前で止まっていたら、この人に頼むのはよそうと思われてもしかたのないことです。

以前だったら、帝国データバンクや東京商工リサーチの情報が与信管理的に参照されていました。今ではSNSの文脈から、相手を判断するのは珍しくありません。世の中の会社がかつて帝国データバンクに情報を載せておかないと取引のチャンスを逃してしまうかもしれないと思ったのと同様に、今はホームページやSNSで積極的に情報発信をしていなければ信頼に値しない会社だ、怪しい人だと思われる危険性があります。結果的に機会損失につながりかねないのです。

SNSの普及によって、自己顕示欲を持つのは悪いことではないという価値観が広まりました。SNSの進化とサービスの増加は情報発信をしやすくしました。

昔は、自著を出す経営者は本業に身が入っていない証拠だ、などと言われたものですが、時代は様変わりしました。経営者は自分の名前で堂々と著書を出版し、仕事の合間を縫ってSNSに投稿し、せっせとブログに長文を綴《つづ》るようになりました。実名で自分の思いを伝えられる術を持った人が尊重されるようになったのです。

会社の経営戦略のひとつとしてもSNSを取り入れなければならないほど、SNSというものは経済活動に大きな意味をもたらしているのです。

SNSを効果的に使って「投資」するためには、フォロワーがいないことには話になりません。ようやく重い腰を上げてSNSを始めた僕は、まずはSNSに詳しい人に一度フォロワーの増やし方をレクチャーしてもらおうと思い、BAKEなどでウェブメディアの編集長を務めていた、塩谷舞《しおたにまい》さんにお越し願いました。

有料のコンサルティングをお願いしたため、そこで学んだノウハウや詳細は書くのを控えますが、塩谷さんのようなインフルエンサーは、SNSアカウントが信頼形成につながることを深く理解しており、丁寧かつロジカルなSNS運用を行っていて、非常に感心したのを覚えています。

あらゆるWEBサービスが金融機関化する

投資とコミュニティの親和性を考えれば、今求められているのは使い勝手の良い「コミュニティ・プラットフォーム」です。

人々は無意識に、自分のビジネスをうまく回していくためにコミュニティをどう拡大し、有効なコミュニティをどう分散させて構築していくかを考えながらSNSを使っています。
ツイッターには本音を書こう、フェイスブックは仕事関係の人も見ているから前向きな投稿をしようなど、みな、多かれ少なかれ、プラットフォームに役割分担をさせているはずです。ミレニアル世代から下の世代はSNSネイティブですから、そうした使い分けにとくに敏感です。

ようやくSNSに関心を持ち始めた僕が今注目しているのは、noteやMediumです。どちらも書くことに特化したSNSで、UI（ユーザーインターフェース）が美しく、野暮ったい広告などで気が散ることもなく、サクサクと書き進めることができます。

noteは、投稿に課金できるのが面白い点です。無料で読ませることもできますし、100円〜10000円の範囲で課金機能を付けることもできます。noteでは気に入った投稿にハートマークを付ける「スキ」機能がありますが、フェイスブックの「いいね」と違い、課金記事ではお金が介在している分、「いいね」の質が他のSNSより高いと感じます。それによって、よりつながりの強いコミュニティをつくれるのがnoteの魅力だと思います。

メルカリも、優れたコミュニティ・プラットフォームのひとつです。意外かもしれませんが、メルカリはただの買い物アプリではありません。**僕は、メルカリは、新しい時代の金融機関だとも考えています。**

購入者と出品者がコミュニケーションを取りやすいのがヤフオク！との最大の違いです。もちろんアプリ内で商品撮影ができて、スピーディーに手軽に出品できるのも評価されている理由でしょう。しかし僕は、このコミュニケーションが取りやすい点が、他の買い物アプリとの一線を画す何よりの理由だと感じています。

メルカリでは、出品されているものを黙ってすぐに購入することもできますが、たいがい、売り買いをめぐって購入者と出品者のやりとりが発生します。「箱の画像をアップできますか？」「保証書はありますか？」「何回ぐらい着用したものですか？」「購入時期はいつ？」「1000円ほどお値引きできませんか？」

こうしたやりとりの結果、交渉が成立したり、しなかったりするのがまた面白いところです。メルカリは「フリマアプリ」とうたっていますが、まさにフリーマーケットでのやりとりや値切り交渉をアプリ内で行なうことができ、コミュニケーションをとれる楽しさがあります。ヤフオク!も質問はできますが、メルカリの手軽さ、スピーディーさに比べれば少々もっさりしたやりとりであることは否めませんし、値切り交渉もできません。

また、メルカリで気軽に品物を売り買いできるようになったことで、ユーザーに投資家視点が育っているとも感じています。僕の妻もメルカリ愛用者ですが、自分が持っているものも、これから買うものも、「メルカリに出したらいくらになるか?」を細かくチェックしているようです。

購入後も値下がりがしづらく、なおかつ値上がりの可能性もあるものを吟味して購入することは、単なる消費ではなく、投資の側面もあります。経営者が自社の「出口戦略」を考えるようなものなのです。

海外で人気があるスナップチャットも優れたコミュニティ・プラットフォームだと思います。一定時間が経つと投稿が消滅するサービスで、フェイスブックの「ストーリー」やインスタグラムの「ストーリーズ」のようなものです。

SNSのおかげでコミュニティに価値が見出されるようになったわけですが、価値がある反面、何かトラブルがおこったときにその価値を棄損してしまうリスクも出てきました。ユーザーはリスクは減らしたいと思うものの、投稿数は減らしたくないし、コミュニティも失いたくないというジレンマを抱えています。そこに「消える」しくみがハマり、支持を集めたのがスナップチャットだったのです。

炎上しづらいしくみづくりに成功しているSNSも優れたコミュニティ・プラットフォームでしょう。

SNSには匿名アカウントが多いものの、実名アカウントが主流のものなどさまざまあります。実名アカウントが主流のSNSでは、顔を突き合わせてコミュニケーションを取っている感覚があるため、炎上しにくいのが特徴です。

この点でうまいなと思うのが、ニューズピックスです。ニューズピックスが優れているのは、特定のコメントにレスポンスできる機能をあえて付けていないところです。ときどき、他のユーザーの攻撃をしているコメントを見かけますが、攻撃したほうもされたほうも炎上することはありません。ニューズピックスでは最新や注目のコメント、プロピッカーのコメントが一番上にくる形で、古いコメントはどんどん下に追いやられ、探し出すのが難しいからです。炎上させたくてもさせられないしくみになっているのです。

SNSはコミュニティの主催者側にとっての究極の「囲い込み商法」でもあります。まず、コミュニティを立ち上げるのにコストがあまりかかりません。また、フォローしたりされたり、ファボったりファボられたりすることで小さなつながりをつくりやすいことも、コミュニティの絆を強固にするのに貢献しています。

とくにSNSを使って毎日のニュースを収集する習慣のある人にとっては、自分のタイムラインが世界中のニュースで埋め尽くされて、そこで起こっていることや自分の見ているものが世界の中心なんじゃないかと錯覚してしまい、コミュニティの虜になりやすいのです。こうして熱狂的なフォロワーが増え、その離脱率が下がると、コミュニティの販売能力が上がります。それに比例して、コミュニティの金銭的価値もますます上がっていきます。

一度、そのSNSに入った人は多少面白くない時期があっても、また自分の投稿がシェアされたり、ファボられたり、フォロワーが増えたりするとうれしくなって、すぐに再洗脳されてしまいます。コミュニティから離れようとしても引き戻しのバイアスが働くのです。SNSはひと言で言えば、ウェブ上のコミュニティを利用した「囲い込み商法」なのです。つまり、これは、今まで既存の銀行や証券会社が行っていた活動の代替ともいえるのです。

コミュニティの本質的な価値を見極め、運用していくには、投資能力が必要になります。世間の流行りに安易に乗ることなく、価値の確定していない時期にコミュニティを正当に評価し、そのコミュニティに根づいていく投資行動が必要です。

インフラは流行ったかと思うと、あっという間に廃《すた》れることもあります。SNSも今後、流行り廃りによって新たに誕生するものもあれば、淘汰されるものも出てくるでしょう。一時期、話題となったマイスペースやマストドンを未だに使い続けている人がどれだけいるかを考えれば、このことは予想できます。

ただし、特定のSNSが廃れても、コンテンツを持っている人が消えることはありません。コンテンツを持っている人は、特定のSNSがなくなっても困りません。別の場所を見つけて、すぐにコミュニティを維持していくでしょう。

あくまでも、投資と同じで、投資プラットフォームの相性は存在したとしても、最終的に投資の結果を決めるのは、その投資家の戦略や視点だからです。

仮想通貨の本質は、コミュニティビジネスである

インターネットの発達は、人々がSNSでつながることを促進し、コミュニティをつくりやすくし、投資でお金儲けしやすい時代をつくりました。しかし、インターネットがもたらしたものはそれだけではありません。

インターネットは、貨幣経済にも食い込んできています。その最たる例が新技術「ブロックチェーン」による「仮想通貨」の登場です。

実は、仮想通貨も、SNSの延長線上に存在するのです。

ビットコインをはじめとする**仮想通貨は、コミュニティの金銭的価値を可視化したものです。**仮想通貨は、国境を越え、物理的な貨幣やカード無しに金銭的価値を送信することに成功しました。また送金手数料を限りなく安価にし、国際送金の所要時間を大幅に短縮しました。

しかし、これはブロックチェーンや仮想通貨がもたらしたただの一つの現象です。仮想通貨の最も重要な役割は、それに金銭的価値を見出し、利用する人たちをつなげるコミュニティなのです。

仮想通貨は現在、その投機性で話題となっていますが、日常生活を送るのに使えるかといえば、その汎用性はまだまだです。ＥＣサイトの決済で仮想通貨を使用できるところも増えてはいますが、今のところ、仮想通貨ではまだコンビニで気軽にガムすら買えません。冷静になって考えれば、日常生活に仮想通貨は必要なく、円だけで十分なはずです。

それでも、仮想通貨の種類や流通量が増えているのはなぜでしょうか。仮想通貨でできることといえば、仮想通貨のコミュニティに参加して発言する程度のことです。株主のように議決権があるわけでもありません。

自由に使うこともできず、コミュニティにおける議決権もない。そうなると仮想通貨は「仮想通貨界隈のコミュニティ参加権自体に値段がついたもの」としか説明しようがないのです。極論を言えば、仮想通貨もまた「コミュニティ」なのです。

これまで、コミュニティの価値を金銭的価値に置き換える方法はありませんでした。そこに金銭的価値を持つコミュニティとして仮想通貨が登場し、コミュニティに帰属し、その価値を拡大させていく現代の投資の文脈にぴたりとはまった。それが2017年の「仮想通貨元年」だったのです。

ＳＮＳがなぜ投資なのか、疑問を抱きながら読み進めてきた方もいらっしゃるでしょうが、ＳＮＳは仮想通貨なのだと言われれば、ＳＮＳがれっきとした投資（オルタナ資産）であることがわかっていただけたかと思います。

ＩＣＯは「コミュニティ会員権」

仮想通貨を利用したＩＣＯ（Initial Coin Offering）はしばしば、「仮想通貨による資金調達」と説明されます。しかし、僕の見解は全く異なります。

ＩＣＯを資金調達だと考えている人は、金融のことをわかっていないと思います。

ＩＣＯの本質は、「デジタルトークン（ブロックチェーンを活用してつくられた仮想通貨の一種）を使ってコミュニティ参加権を買うこと」です。トークンの発行元やそこが提供する商品・サービスのファンに対し、コミュニティ参加権をトークンの形で販売して売上を立てているだけのことです。つまり前受金をもらっているだけなのです。ファンクラブの会員権やゴルフ会員権のようなものと考えるとわかりやすいと思います。

ＩＣＯで前受金をもらったからには、トークンの発行元はコミュニティを盛り上げ、維持していかねばなりません。ＩＣＯをしたとある企業は毎週のようにイベントや進捗状況を伝える説明会などをこまめに開いています。せっかくつくったコミュニティをきちんと運営しなければトークンの価値は下がり、ファンが離れていくからです。

そのため、ＩＣＯの規模が大きければ大きいだけ儲けられると思うのは間違いです。規模を大きくすればするほど、ファンの要望を満たすための発行元の努力は負担になります。しかも、それは半永久的に続きます。

そう考えると、ＩＣＯは割安なのか割高なのか判断が難しいところです。同じコミュニティをつくるのなら、ＳＮＳの運用に力を入れたほうがよほど割に合っているのかもしれません。

ただＩＣＯは、参加側にとってのメリットがあります。それは従来のコミュニティと違い、月額会費や年会費といった会費を払い続けなくてよいことです。これまではコミュニティに所属し続けている証明として会費を払い続ける必要がありました。

ところがデジタルトークンは、購入した時点でコミュニティに入ることができますし、所属している証明もできます。飽きたらトークンを譲渡し、コミュニティから出て行けばいいだけです。

一回払い切りでコミュニティに参加できる仕組みは、今までありそうでなかったものです。ブロックチェーンや仮想通貨はコミュニティの金銭的価値を可視化したばかりでなく、コミュニティの形成をも容易にしたのです。

コミュニティに参加し、そこでマネタイズしていく意味において、仮想通貨もまた「投資」です。金銭的価値を持ち、コミュニティをつくりやすい。現在は投機性が高く、お金儲けができる可能性もある。いいことずくめのように見えますが、仮想通貨も決して万能ではありません。仮想通貨も盗まれる可能性があるからです。

僕の友人は口座を開設していた海外の取引所がハッキングに遭い、100BTC（当時の価値にして日本円で2億数千万円）を盗まれました。少しさかのぼればマウントゴックスでのビットコイン消失事件（2014年）、コインチェックでのNEM流出事件（2018年）もありました。仮想通貨は意外と盗まれやすいのです。

今の日本では財布を盗られる確率より、仮想通貨を盗まれる確率のほうが高いのではないでしょうか。どんな投資もそうですが、投資にはリスクがあります。そのことは肝に銘じるべきです。「必ず儲かる、絶対に安全な投資」はこの世の中には存在しないのです。

仮想通貨のことも敢えてSNSプラットフォームと呼びますが、**既存金融機関の代替となるSNSプラットフォームは、まだ、堅牢性においては既存金融機関を超えることができていない現状があります。**

株式会社は「オワコン化」するのか

現在、世界中で発行されている仮想通貨は1000種類を超えると言われています。今後も誕生し、また淘汰されるものも出てくると思いますが、その種類はますます増えていくでしょう。

仮想通貨の種類が増えると「情報の非対称性」が生まれやすくなります。情報の非対称性とは地域や状況によって需給バランスが変わり、同じブランド品でも日本と海外では価格が変わる、そのような状態を指します。金融用語でいえば「アービトラージ」です。

情報の非対称性が生まれると、ある地域で高値で取引される商品が、よそでも同じ価値とは限りません。

たとえば、エルメスのバーキンは日本では黒が圧倒的な人気を誇っています。ところがラスベガスのエルメスでは黒は人気がなく、グリーンやピンクのバーキンを求める人がたくさんいます。極端な話をすれば、海外で黒のバーキンを購入して日本で売れば、海外での価格より高く売ることができ、そこで利ざやを稼ぐことができます。これが、情報の非対称性の生まれた状態です。

情報の非対称性があるということは、多様性のある価値観が存在するのと同義です。ものごとの価値は細分化されていますから、それを利用して儲けを出すことができるのです。

仮想通貨の種類が増えると価値観も多様化します。「あちらの仮想通貨がいい」、「いや、こちらの通貨のほうが価値がある」と、人によって価値の置き方が変わります。そこに儲ける機会が生まれるのです。

儲ける機会が増えると、損する機会も増えるのが投資の世界です。それでも仮想通貨の隆盛が、投資で儲けやすい世の中をつくるのに一役買っているのは間違いありません。

ブロックチェーンも仮想通貨ばかりでなく、今後さまざまな分野に活用され、社会に浸透していくでしょう。とくに現状ではまだまだ改ざんされる恐れがある分野、改ざんの可能性をなくしたい分野での応用は進んでいくと思われます。

個人的にブロックチェーンの活用が進むと思われる分野はゲームです。ゲームのポイントやキャラクターの出現率などをブロックチェーンで管理することで、メーカー側の不正を抑止することができます。

医療分野であれば、電子カルテの改ざんを防止し、その信頼性を担保するのに役立つでしょう。リアルタイムでの株主名簿の管理にも応用できそうです。最近問題となっている、官公庁の公文書やデータの改ざん防止に使ってもいいかもしれません。年金記録の保存にも使えそうです。

とくに実用化が高そうなのは、証券分野です。取引自体は電子化されているものの、清算や決済には膨大な時間とコストがかかっているのが現状です。近年、証券の発行や譲渡、代金決済をブロックチェーンで高速化、合理化するための実証実験が国内外で始まっています。

ブロックチェーンによって金融インフラにも変化が訪れようとしているのです。

ここで一つ、心に留めておいてほしいことがあります。それはブロックチェーンのような革新的な技術が登場したからといって、そのことに惑わされ、非効率的な投資行動を取らないでほしいということです。

大きな出来事が起こると、必ず大騒ぎをする人がいます。そういう人たちは「これまでのルールはすべて変わる!」と言いますが、世の中がゲームチェンジしてルールそのものががらりと変わったわけではありません。

ブロックチェーンは確かに貨幣経済に衝撃を与えました。しかし、これはあくまでも現在の経済のしくみにプラスされていく技術です。お金やSNSといったインフラは流行り廃りが激しいですから、**外見が変わることはあっても原理自体がすべてまるっと変わってしまうことはありません。**

新しいニーズが生まれると逆のニーズも出てくるのが世の常です。スピーディーな送金を好む人がいる一方、それでも伝統的なやり方に価値を置く人は一定数います。

「株式会社がオワコン化する」「IPOなんて古臭いしくみだ」との意見は確かにあります。今は資金調達したければクラウドファンディングがありますし、自分で通貨をつくってICOをすることも可能です。株式会社なんて面倒くさいものをつくって定期的に取締役会や株主総会を開くなんて無駄だ、高い金を払って証券会社や監査法人をつけて東証で審査してもらうIPOなんて過去の遺物だ、との意見もわからないではありません。

しかし、**株式会社は「法人」という擬人化した概念をつくり出すことで、会社の経営者でなく法人が責任を取るという、たいへんよくできたしくみであることもまた確かです。**

法人が問題を起こした場合、そこで損害賠償を払うのは法人です。払えなくなったら、会社が潰れて終わるだけです。法人として銀行からお金を借りることもできますし、ビルの大家さんと契約を結ぶこともできます。

自動運転車やロボットなどの最先端テクノロジーで事故が起こった場合、責任を取るのは最後は人です。「法人」に代わる概念は登場していないため、人が責任を取るしかないのです。仮想通貨がらみの事件を見ていてもそれはわかります。

ブロックチェーンが登場しても経済の原理原則は変わらない。そのことは覚えておいてほしいと思います。

ただ、ブロックチェーンの登場によって、金融インフラが少しずつ変貌していくことは間違いありません。僕らがふだんの生活で気づいていない不便さはまだまだたくさんあると思われます。「そんなことないよ、便利に暮らしているよ」とおっしゃる方もいらっしゃるかもしれませんが、「住めば都」の言葉のように、当たり前すぎて不便さに気づいていないだけです。

インターネットの発達はSNSやブロックチェーンの登場を促し、それは価値の細分化をもたらしました。コミュニティの形成も容易にしました。それによって、投資で生きていきやすい世の中が生まれているのです。

インターネットは、このように、投資スタイルばかりでなく、投資のプレイヤー自体もまるっと変革し始めています。既存の金融機関に、新しいIT企業が取って代わるようになり、今まで投資だとも思っていなかったような行為が投資になっていっています。

このように、投資が大きく変わることで、ますます新しいスタイルの投資家が活躍できるような時代へとパラダイムシフトが始まっているのです。

僕らは、今、大きな時代の変わり目にいるのです。

4

消費者視点から投資家視点へ

「ものごとを斜めに見る」のが投資の本質

これからは、すべての人が「本業＝投資家」として生きていかなければならない時代です。雇われて労働して消費するだけの消費者視点から、投資家視点への転換を僕らは図らなければなりません。**本格的な「人類皆投資家時代」が到来する前に、投資家視点を身につけるべきです。**

では、具体的に投資家視点を養うにはどうしたらいいでしょうか。

昔に比べれば、投資家視点を持つ人は増えていると思います。車は所有したほうがいいのか、カーシェアリングにしたほうがいいのか。家を空き家にするのではなく、エアビーアンドビーで貸したほうが儲かるのではないか……。こういった考え方も、立派な投資家視点のひとつです。

僕から見ると、この15年ぐらいのあいだに人類のファイナンス・リテラシーは急速に上がってきています。企業のファイナンス力が上がり、そこで働く個人にも金融知識がついて賢くなってきました。投資を始めるにはうってつけのタイミングだと僕は思います。

1年後から投資家として生きていくためには、まず何を身につけねばならないか。端的に言えば、それは「ものごとを斜めに見る能力」です。労働でなく投資でお金を稼ぎ、資産をつくろうと思うなら、人と違うことをやらなければ儲かりません。これは投資の本質です。

みんなが、価値がないと思っているけれどじつは価値があるもの、というのが世の中には存在します。それを見つけるのが投資です。ですから「ものごとを斜めに見る能力」を伸ばさなければ投資家としてやっていくことはできません。

投資は「コミュニティに参加すること」だと言いました。投資で儲けるには、まだそれほど価値があると思われていないタイミングで成長可能性のあるコミュニティを見つけ出して参加する必要があります。

ここで気をつけねばならないのは、「目に見える価値」と「本来の価値」には乖離《かいり》がある場合もあると知ることです。世の中で盛り上がっているコミュニティは目立ちますが、それがそのコミュニティの本来の価値であるとは限りません。

一時期の狂騒や世間の流行に踊らされず、冷静にコミュニティの本来の価値を見極め、正しく評価する能力が投資家には求められます。しかも、それを人が気づいていないときにやらなければ儲けることはできません。

「本来の価値」と「世間の思う価値」の乖離

世の中すべてのものには、「本来の価値」と「世間の思う価値」のあいだに大幅な乖離の発生するタイミングがあると考えています。僕はそれを探し出して投資をしています。**本来は価値のあるものなのに世間の思う価値が低いときに買い、高くなったら売る。これが投資の基本です。**

人は間違う生き物ですし、ニュースには必ず裏や嘘があると思っています。ですから自分の感覚を磨いて、世間の評価が本来の価値より低くなっている投資対象とそのタイミングを探すのです。こうしたチャンスはたくさん転がっているものではありませんが、じっと待ち、世間の狂騒から距離を置き、目を凝らしていればそうしたタイミングは必ず見つけられます。そのギャップに儲けのタネは隠れているのです。

世の中の値段のつけ方は意外と間違っている可能性が高いという認識を持つこと。これが投資家のスタートラインなのです。

「秘密の法則」を持っている人は強い

このように、人が見つけていない、自分だけが知っている「秘密の法則」がわかると投資に強くなれます。その法則が当たれば儲かります。

「秘密の法則」のわかりやすい例をひとつご紹介しましょう。Jリーグの話題です。

ニューズピックスの記事で、Jリーグチェアマンの村井満《むらいみつる》氏が「スタジアムのKPIは稼働率で、実は芝の問題である」と話しています（「【村井×堀江×髙田《たかた》】スタジアム問題解決のカギは『芝テック』」https://newspicks.com/news/2848772/body/）。

KPIとは、key performance indicator の略で、重要業績評価指標と訳されます。企業や組織が目標の達成度合いを評価するためによく使う指標です。

村井氏はサッカースタジアムのKPIは芝をどう有効活用できているかだと言っていま

す。ありがちな視点だと、一試合あたりの観客動員数やチケットがいくら売れたかをKPIと思うかもしれません。

ところが村井氏の考えるKPIは違いました。サッカーだけにとどまらず、芝生を使って「バーベキューでも何でもやればいい」「使ったらまた新しい芝をローコストで生やせばいい」「芝の生産コストが下がればスタジアムの稼働率は上がっていきます。スタジアムの稼働率が上がれば収益率が上がるんで、儲かるスタジアムになります」と説明しています。これが、村井氏にとっての秘密の法則です。

自分ひとりとまではいかなくとも、ごく少数の人しか知らない視点が持てているかどうかが大事です。そこに儲けのタネは眠っているのです。秘密の法則を持っている人は強いのです。

当たり前の視点を持っていても何の投資機会にもなりません。たとえば、「高齢化社会だから、高齢者向けのサービスに投資しよう」という視点は当たり前すぎて、儲けることはできません。高齢者向けのあらゆるサービスは、そこに先に目をつけた人のあらゆる期待値がすでに織り込まれた後の価格だからです。

近年、ロボットアドバイザーによる自動投資サービスや、金融のプロが選定した金融商品から好きなテーマを選んで少額から気軽に投資できるサービスが登場しています。僕から見れば、これも儲かりません。

なぜなら、ロボットアドバイザーや金融のプロが選定した金融商品は、金融にちょっと詳しい人ならみんなが伸びると考えているものばかりです。秘密の法則がまるでありませんから、これで儲けるのはたいへん難しいと言わざるを得ないのです。金融機関がお膳立てして自分たちの利益をしっかりと乗っけた、昔の資産運用の域から抜け切れていないサービスなのです。

投資の世界は「ウィナー・テイク・オール」と言われ、勝者がすべてを持っていく世界です。一人勝ちするためにはものごとを斜めに見る能力を身につけ、秘密の法則を探すしかないのです。

秘密の法則を探す方法は、特別なものではありません。日常生活の中のちょっとした気づきが投資のヒントになります。わけのわからないキーワードでネットサーフィンをしまくって儲けのネタが見つかることはありません。意外と自分の身の回り、「半径5ｍ」以内に目を凝らして見たほうが投資機会は見つかるものです。

ふだんから自分の身の回りのものの仕組みや構造を意識して見る能力の高い人は投資に向いています。

儲けのタネを探すぞ！　と意気込んでやっても、そう都合良くいくものではありません。**身近で気になるものを好奇心にまかせてどんどん調べていたら、結果、投資先として有望なものが自然と浮かんでくる**、といったイメージが近いでしょう。

儲け話が飛び込んでくるのを待つのではなく、投資を「我がこと」として考えるのが大事です。また、嫌いなことでは投資は続きません。投資は調べ物など地道な作業の連続だからです。好きなもの、興味のあるものを見つけられるかどうかは大事です。人は本当に興味を抱いたものはどこまでも調べ続けられますが、それがなければ続きませんし、そんな調子ではお金儲けのタネは見つかりません。興味関心の幅が広がれば広がるほど、投資のチャンスは広がるのです。

投資家視点は「港区女子」に学べ

投資家視点を備え、それを実践しているわかりやすい人たちがいます。それは「港区女子」です。**彼女たちこそ投資家視点を持ち、体現している存在だと思います。仕事もせずに裕福な生活を送っている港区女子たちは意外にも、プロの投資家顔負けの投資家視点を持ち合わせているのです。**

港区女子は、東京都港区、なかでも六本木や麻布十番、西麻布、青山あたりに出没し、容姿の良さと若さを武器にゴージャスな生活を送る女性たちのことです。はた目には本業はよくわからない人が多いのですが、彼女たちはお金には不自由していません。

実業家や芸能人、ハイスペックなサラリーマンなどの知り合いが異様に多く、毎夜のごとく派手なパーティーや合コンに参加しています。彼女たちにとっては、いかにセレブでお金持ちの男性をゲットできるかが究極の目標といえます。

港区女子たちは出会った人の中からお金持ちの人を選んで付き合うのではありません。次はこいつが伸びると思うお金持ちの男性を、まるで投資案件のように探し求めます。

成長可能性が高い男性を見つけたら、まずはその人といかにして知り合いになるかを考えます。友人や知り合いの会社経営者のつてなどをたどり、食事会をセッティングさせるなどして、あたかも偶然のように投資対象の男性に近づきます。そこから自分のリソースを最大限に投資して次第に距離を縮め、最終的にはその男性を手に入れるのです。

投資家と港区女子の本質は同じです。**彼女たちにとっては金融商品ではなく、人間が投資対象なのです。**彼女たちは実際の投資も得意です。実際、僕の知っている港区女子は総じて投資がうまい印象です。

成功している港区女子はたいがい、有名な会社経営者や芸能人とお付き合いしています。夜な夜な食事会に繰り出し、さまざまな人とのコネクションをつくっていきます。

なかでも上場企業経営者の知り合いが多く、情報をたくさんもっています。将来有望そうなお金持ち男性のデータベースが非常にしっかりしているのです。**彼女たちは知り合った相手の会社のホームページは必ずといっていいほどチェックしています。**人によっては四季報などもしっかりとチェックしています。

それを日々地道にコツコツ繰り返してデータベースを構築し、何かしらの投資基準、つまり秘密の法則を自分なりに形成しているのです。

おそらく、そのへんの会社経営者はスタートトゥデイの時価総額や子会社をいきなり聞かれても答えられないと思います。ところが、港区女子は即答できます。それぐらい情報収集をしっかりとしているのです。

もちろん、儲かっている港区女子もいればそうでない人もいるでしょう。投資の結果は別にして、彼女たちこそ雇用されずに投資で生きている立派な投資家です。彼女たちも典型的なミレニアル世代の潜在的富裕層なのです。

原資がない人の始め方

港区女子から話を戻しましょう。読者は「俺は（私は）港区女子じゃないし」という方が大半だと思いますので、そうでない人はどうやったら投資家になれるのか、についても話しておきたいと思います。

この本を読んで投資を始めたいと思っても、そもそもの原資がない人もいるでしょう。そんな方々のとるべき行動は２つです。

はじめのうちは身の回りの「金融商品ではないけれども、自分にとっては金融商品になり得るものを探す」か、「自分に投資をする」か。この２つなのです。

まずは「金融商品ではないけれども、自分にとっては金融商品になり得るもの」について説明します。僕の場合、それは先述したように、学食で販売されていたフライドポテトの容器でした。これが僕が15歳で始めたオンライントレードと会社設立の元手になったのです。

こうした金融機関の利ざやが乗っかっていない儲けの種を日常生活からまず探してみましょう。

僕は10代の頃から意図的に「金融商品になりそうなもの」を探していました。最初に起業して手がけたSEO事業は、今では珍しくない事業です。当時はまだ始めている会社が少なかったから儲けることができました。「グーグル検索で上位表示させることがこんなにお金になるなんて」と驚いたものです。みんなが気づいていないタイミングで始めると、先行者優位で儲けることができるのです。

中でも、インターネットというものの可能性には非常に驚きました。自分でWEBサイトを開設し、みんながよく見る場所（よく検索されるキーワードでGoogleやYahoo!に上位表示をして）においておけば、アクセスが自動的にどんどんやってきて、言ってみれば、銀座の一等地に不動産を持っているようなものだと気が付いたのです。

ＷＥＢサイトを開設し、検索順位で上位表示させるということは、当時そこまで難しくありませんでした。わずかな労力とわずかな資本で交通量の多い箇所に自分のサイトを作ることで、自分が労働しなくても勝手にお金を稼いでくれる仕組みを作るということは、僕の中では十分不動産投資の代替になり得るものでした。

中学生の僕は、銀座の一等地に不動産を買うような資金力はありませんでしたが、人がたくさんやってくるキーワードでＷＥＢサイトを作ることはできました。

また、そこで収益を出しているサイトは、少額ではあるものの、売却することだってできました。中学生の僕は、不動産の大家さんになることはできないけれど、ＷＥＢ大家さんにだったらなることができると思い、インターネットのビジネスにはまっていったのです。

しかも、そこで得られるリターンは、不動産投資と比べて額は小さいものの利回りとしては不動産投資よりもはるかに効率の良いものでした。

このように、僕は投資という概念を、自分の生活の中に組み込んでいくことに成功したのです。

また、ここで僕が学んだことは、投資とは、何も不動産や上場企業の株式に限らないということです。

そういう僕も、ミレニアル世代の富裕層に属していますが、僕自身、最初に立ち上げた会社を売却してからは、非上場株式というオルタナ資産への投資を自分の活動のメインにしています。

具体的には、事業承継に困っている非上場企業や事業が何かしらの理由で立ち行かなくなってしまった企業の株や事業そのものを購入して、自分で立て直して売却しています。

現在も、TIGALAという会社を経営しており、今までの実績からも「連続起業家」として取り上げられることが増えてきていますが、**僕は、事業を自分で思いついて立ち上げているというわけではなく、自分で事業を買ってきて運営しているため、僕の中では「起業」**

をやっているというよりも「投資」をしているという意味合いの方が強いのです（オルタナ資産への投資というのは、まだメジャーな考え方ではないため、僕のやっていることは少しわかりづらいのかもしれませんが、僕は会社経営ではなく、投資で生計を立てているのです）。

今T－GALAで運営している「pedia」という事業も、自分で立ち上げたものではなく、買収してきた事業になります。「pedia」はもともと、老舗VC、イーストベンチャーズのニュースメディアとしてスタートしたものではありますが、２０１７年11月30日に僕の会社（T－GALA社）がユニバーサルバンク社の鳥居《とりい》氏から事業譲受いたしました。

正直、僕は、会社経営を17年間にわたりやり続けてきていますが、お世辞にもアイデアマンとは言えません。自分で突拍子もないビジネスモデルを0から思いついたり、大きなテクノロジーの変化を活用したりするセンスは無いのです。しかし、会社経営を、投資という切り口から見直すことで、皆が気づかない儲けのタネやカラクリに気がつくことができ、結果を出すことができています。

みんながまだ価値に気づいていないことをいち早く気づき、事前に「仕込み」を入れておくことで、みんながその価値をわかり始めた時には大きな儲けを手に入れることができる。その「仕込み」こそが投資の根本的な考え方となるのです。

高校生の時は、プラダ、エルメス、シャネル、グッチといったブランド物の好きなクラスメイトから包装用のブランド名入りリボンを譲り受け、ガラケーのストラップを製作して1個3000円程度で販売したこともあります。放っておけばゴミ箱行きになるリボンから3000円が生まれるのですから、これもかなりの儲けになりました。

フライドポテトの容器もガラケーのストラップも、あまり品のいい話ではありませんし、後者はブランドの権利を侵害するようなグレーな行為です。しかし、最初はこうしたやり方もある程度はしかたないと思っています。いくらきれいごとを言っても、原資がなければ投資はできないのです。

今や大企業となっている会社も、最初から万人に尊敬されるような高尚な事業をやっていたわけではありません。任天堂はもともと花札の製造で創業した会社ですし、GMOインターネットの前身、ボイスメディアはダイヤルQ2のサービスを提供していました。DMMドットコムも、元はアダルトコンテンツで有名な会社です。

まずは法に触れない範囲で、儲けのタネを探し、原資をつくることをおすすめします。それが消費者から投資家への第一歩となるのです。

もし、それが全く思いつかない人は、どうすればよいかですが、「自分に投資する」に限ると思います。

「秘密の法則」は先述の通り、世の中を表面から眺めていてもなかなか見えてこないものです。

そのため、今の自分がいる世界から一歩踏み出す「行動」が必要とされます。物事は、俯《ふ》瞰《かん》的に見ることが重要ですが、中からも見ていないと、俯瞰的に見えてこないのです。

自分に投資するということは、わかりやすくいうとお金を払って何かのセミナーに参加したり、勉強会に参加したりすることです。間違えてはいけないのは、セミナーや勉強会に参加して、メモを取ってふむふむと話を聞いていても、これは中から物事を見ていることにはなりません。

本を読んだら直接著者に会って、色々と深掘りして話を聞く。もしくは著者に仕事を依頼する。勉強会に参加したら、勉強会の運営そのものに参加させてもらう。などの、「中」からの視点を得ないと、隠れているビジネスチャンスは見つけることができません。

投資は必ずしもお金がなければできないものではありません。投資するものは時間でもいいですし、労働力でもいいのです。そうした自分のリソースを総動員して将来のリターンをめざすのも投資のやり方です。

僕が自分なりに一番良かったと思っている自己投資は、組織再編税務の分野を集中して勉強したことです。組織再編税務はM&Aをする際の税金シミュレーションで避けては通れない分野です。それなのに、組織再編税務は公認会計士、税理士、弁護士、いずれの士業の試験科目でもカバーされていません。そのため、組織再編税務は別途学ぶ必要があるのです。

そのことに気づいた僕は、20代中盤に集中して勉強しました。その結果、M&Aのコンサルティングの場面で役立ったり、自分がM&Aをする場合の判断材料になったり、何かと重宝しています。「こんなに詳しいやつは公認会計士にも弁護士にもいない」と気づいてくれたクライアントからは、ほぼ例外なく仕事の依頼をいただけるのです。とくにここ2、3年は組織再編税務系の知識で飯を食えている実感があります。この分野を学ぶためにお金も時間も集中投下したのは正解でした。

ただ、**自己投資はバランスをとるのが意外と難しい**ということは覚えておいてください。ひとつの分野で一生食っていこうとすると、その分野自体が進歩しなかったり、劣化していったりすることもあります。かといって、ひとつのものが育たないうちに、あれもこれもと広げていくと、どの分野でも勝てない事態に陥りかねません。

自己投資にしても、いわゆる従来の投資にしても、ポートフォリオを組む投資センスは欠かせないのです。

原資が無い時にやったことで、特に僕が効果的だったなと思うことは、自分で勉強会を主催することでした。

組織再編税務という分野で少しずつ知識がついてきた僕は、自分で勉強会を開催していくようになります。税理士だけを集めた勉強会、会計士だけを集めた勉強会、外資投資銀行の人だけを集めた勉強会、上場企業経営企画室の人だけを集めた勉強会、経営者だけを集めた勉強会など、……この分野だけで50回以上の勉強会は開催したことがあります。

勉強会と言っても、何十人も集める必要はありません。実際に効率よい勉強会の人数は、5～8人ほどだと思います。

同じ勉強会でも、角度を変えて何度も何度も開催することで、業界のキーマンや、オピニオンリーダーとなる人がどのような人かわかってきます。

「情報は発信する人のところに一番集まる」なんていう言葉がありますが、これはまさにその通りで、何度もやっていると、今度は勉強会に参加してくれという依頼も来るようになってきます。

まさに、今やっているTIGALAでの事業も、何年にもわたり、この勉強会を通しながら「秘密の法則」を見つけていったネタの集大成となっています。

僕は、勉強会を通して、M&Aを行う上で、この組織再編税務という知識が大きなボトルネックになることに勉強し始めてすぐに気が付きました。「組織再編税務」なんていう言葉自体そもそもあまり知っている人は少なく、「M&Aのカギは組織再編税務」というのは言ってみれば秘密の法則です。

ただ、僕が書籍などを読み漁っただけでこれに気が付いたとしても、この事実をビジネスチャンスに結び付けることは難しかったでしょう。

僕は、この勉強会を通して、組織再編税務を理解して使っている人たちの「偏り」に気が付きました。

組織再編税務を使いこなしているプレイヤーは、外資の投資銀行や、ビッグフォーなどの大手監査法人の中のM&Aチームに多く、彼らが手掛ける案件は数百億以上、下手したら数千億規模の案件ばかりでした。逆に、組織再編税務なんてものを全く意識せずに事業を営んでいる人たちも存在し、そのプレイヤーたちは5億円未満の案件を主戦場にしていました。

そこで、僕は、数十億円規模の組織再編税務が絡むM&A領域は、もしかしてプレイヤーがいないブルーオーシャンなのではないかという仮説を立てました。

この仮説は、実はドンピシャで当たっており、今うちのTIGALA社は、数十億円規模の組織再編型M&Aというところに焦点を当て、事業運営をしています。

この「数十億円規模の組織再編型M&Aプレイヤーの不在」というのは、僕が20代の後半で見つけた「秘密の法則」です。この「秘密の法則」を見つけるために、僕は巨大な資金を投下したわけでもありませんし、そういう会社で10年以上もしのぎを削って労働したわけでもありません。

勉強会を何度となく開催し、業界の「中の視点」と「俯瞰的な視点」をバランスよく組み合わせることによって見つけたのです。

僕の運営している「pedia salon」では、この秘密の法則を見つけるためのきっかけづくりを多く提供しています。

しくみとしては、自分の興味あるテーマや、ここ面白そうといったことをトピックとしてメンバーの方々に挙げてもらいます。そして、pediaでの特集企画という名目のもと、取材依頼や、イベントの登壇依頼をして、勉強会の開催数を効率よく増やしていくのです。

取材依頼や登壇依頼を受けた側としては、pediaというメディアで記事化されるので、依頼にこたえるメリットがあります。

メンバーも、なかなかアポイントが取れない人たちとpediaという看板を使って効率よく勉強会を開催できるので、メリットがあるのです。

このように、深い情報を取りに行くことで、表面からだとなかなか発掘することができない「秘密の法則」を見つけることができるので、僕が、原資の無い方に最もお勧めするのは、「勉強会の開催」ということになります。

僕の投資手法紹介

ここから先、みなさんは、より具体的な投資手法についていろいろと知りたいことだと思います。しかし、これをみなさんに教えていくことは非常に困難です。それは、僕がもったいぶっているからではありません。**投資というものは、自分だけの視点が非常に大切になってくると同時に、自分が心の底から信じている事柄でないと、実際に実行し、継続することができないから**です。そのため、この章では、僕が実際にやっていることや、その考え方の背景について説明します。

投資は、個人の個性が大きく反映されます。そのため、この通りにやればうまくいくというわけではありません。あなたなりの投資の世界観を作っていく必要があるのです。あくまでも、僕個人の考え方としてここからはご覧ください。

〈株式投資について〉

僕は株式投資がめちゃくちゃ得意です。どのぐらい得意かというと、5年間で14銘柄を買ったのですが、そのうち13銘柄がプラスになっています。

なぜこんなすごい結果を出せたのか。答えは簡単です。

僕が株を買うときは決まっています。会社が何かトラブルを起こしたり、想定外のことに見舞われたりして、本来の価値よりも確実に下がっているときです。逆に言うと、そういうときにしか買わないのです。

たとえば、僕がロングスパンで保有していた株のひとつに任天堂の株があります。任天堂は長らく山内溥《やまうちひろし》氏が代表取締役社長を務めており、僕が株を買おうかどうか検討しているとき、山内氏はすでにかなりの高齢でした。

僕はこの状況を見て予想を立てました。将来、山内氏から社長が交代するタイミングで、山内氏から株を相続した親族はその相続税の支払いに堪えかねて株を手放すだろう、そうなれば任天堂は自社株買いをするだろう。しかし、世間はその点をあまり意識していないようでした。

そこで僕は、任天堂の株が当時の最安値を更新したタイミングで株を保有し始めます。自社株買いをするときは往々にして株価は値上がりするため、僕は山内氏が退任し、新社長が就任した後も株を買い足していきました。その後、期せずして新社長が亡くなってしまい、社長が交代し、様々な施策を打ったことでさらに株価が上昇しました（最後の出来事まではさすがに読めていませんでしたが）。

「本来の価値」と「世間の思う価値」に乖離があるタイミングだと判断したのです。

任天堂に投資しようと考える人の大半が、今後、同社がいいハードやソフトを開発できるかどうかを基準にするのではないでしょうか。ところが僕の視点はそれとはまるで違います。自分で言うのも変ですが、独特な視点です。これが「ものごとを斜めに見る能力」なのです。

ほかにも、東芝の株が大幅に下がったときなども僕はかなりの資金を投下しました。実際の不正会計に相当する時価総額以上に値下がりが進んでいると読んだからです。

このように、僕は会計やファイナンス的な視点を持ち合わせて投資判断を行っていることが多いです。

東芝の株に関しては、10カ月ほど保有していましたが、かなり大きな利益を手にすることができました。

もちろん、利益をつかみ損ねてしまった例などもあります。それは、アライドテレシスという株です。このアライドテレシスという会社に関しては、僕が投資したのは、1年ほど前になりまして、この会社が継続企業の前提（ゴーイングコンサーン）に疑義があると東証から判断されていた時期に思い切って投資をしました。

もちろん、東証から事業継続が困難かもしれないと言われるような事態ですので、上場廃止になる可能性もある状態です。しかし、この企業は、ルーターを作っている会社でして、海外の評判もよく、今後IoTの社会になってくると、おそらく復活するはずだと狙いをつけ、大きく投資しました。四季報にも載っていますが、TIGALA社は、一時はアライドテレシス社の二番目の株主となり、他の一般投資家と比べ大きなシェアをにぎっていました。

アライドテレシスの株は、結果として、約1年後、僕が購入した金額の約四倍もの値段をつけ、高騰しました。理由は、5G銘柄に認定されたからです。

しかし、僕は、我慢ができず、大きく高騰する1カ月前に、この株を手放してしまい、20%相当のリターンは手にしたものの、数億円の儲けを取り損ねました（サラッと書きましたが、その後悔たるや、すさまじいものでした）。

この機会損失は、僕がアライドテレシス社の技術などに対する理解が乏しく、我慢ができなかったことが原因です。**心底投資対象を理解していないと、このように、売り時に自信を持てず、機会損失をしてしまうこともあるため、事業理解は非常に重要だと考えています。**

このアライドテレシスの株に関しては、今年最も反省している事柄になります。

現在の株式投資ですが、企業のM&Aに携わることが多くなり、インサイダー取引など、予期せぬトラブルに巻き込まれることを懸念して、今は一切手を出していません。

〈社債投資について〉

社債投資に関してですが、僕は、プライベートバンクで資産運用していた時は、もっぱら社債で運用していました。

社債投資は、個人的には、運用さえしっかりとすれば、非常に安定しているし、不況にも強い投資対象だと考えています。しかし、1社投資に失敗したら、損失額が大きいため、複数の社債ポートフォリオを作り、きちんと運用管理しなければならない性質のものだと考えています。

そのため、社債の値動きを自分でウォッチして運用するよりも信託としてリスクヘッジをかけ、きちんと市場に貼りついてくれるところに運用を頼んだ方が良いと考え、プライベートバンクで運用してもらっていました。

しかし、そこでの利回りをわざわざリスクを冒して取りに行かなくてもよいと考え、今はすべて解約してしまいました。

〈不動産投資について〉

不動産投資に関しては、自分は相当痛い目にあいました。リーマンショックをくらってしまい、それまで大きなレバレッジをかけていた反動が自分に跳ね返ってきて、ほぼすべての事業を切り売りして返済に回さなければならず、不動産投資に手を出したがために、経営の屋台骨が揺らいでしまったことがあります（もう少し具体的に言いますと、一文無しになりました）。

だからと言って、不動産投資が儲からないなどというつもりはありません。建物に関するしっかりとした知識を持ち合わせ、不動産業者との強いネットワークを持ち合わせていれば、しっかりと稼げる投資だと思います。

不動産は、比較的流動性が高いため、不動産業者としっかりと関係性を築き上げ、仲間内で良い案件を流し合うコミュニティを形成する必要性を強く感じました。自分は建物に関してあまり勉強意欲がわかないのと、不動産業者とのコミュニティ形成まで手を回す余裕が無いため、現在は不動産投資を手掛けていません。

ある程度、不動産知識が乏しくても不動産投資が有効なフェーズは、相続税対策だろうなと思っていますので、自分が年を取って相続税対策を真剣に考える際には、是非また検討しようと思っています。

〈投資信託について〉

投資信託についてですが、今、金融の世界では、インデックスものの投資信託が投資において一番賢いという結論が出ています。投資信託は、大きく分けると、アクティブなものとインデックス（保守的）なものとに分かれます。

詳細は『なぜ投資のプロはサルに負けるのか？』（藤沢数希著、ダイヤモンド社）という書籍をご覧いただければ詳しく理解することができると思いますが、人間があれこれ考えて投資するよりも、包括的なポートフォリオを作り、経済成長に合わせてゆっくりと運用した方が結果として儲かるという思考です。

そのため、自分も資産の一部を、株式40％債権60％のような投資信託を金融商品の中から選び、積み立て投資をしていた時期もかなり昔にありましたが、資産の増えるスピードがゆっくりで、面白く感じられずにすぐ解約してしまいました。

この本の趣旨の通り、今からのミレニアル世代富裕層はオルタナ資産で資産形成するのが主流だと考えているため、僕がインデックスファンドに戻ってくることは無いかと思いますが、金融の世界では、このインデックス投資が最も合理的な投資だと現時点では考えられているようです。

また、僕は今アクティブなファンドにも投資しています。それは、ＴＬＭ１号投資事業有限責任組合というベンチャーキャピタルです。

これは、僕の友人である木《こ》暮《ぐれ》圭《けい》佑《すけ》氏が運営しているベンチャーキャピタルです。

木暮氏は、日本史上最年少でベンチャーキャピタルを立ち上げており、今は10億円以上の規模のファンドを運営しています。

僕は、木暮氏のファンドに出資することによって、ベンチャー企業界隈のコアな情報をいち早く入手できるという恩恵にあずかっています。

このような考え方をする投資家は意外と多く、聞いた話では、ベンチャー企業界隈の情報をとにかく細部まで収集したいから、既存のベンチャーキャピタルにほぼすべて出資しているなんていう投資家も存在するみたいです。

ただ、このようなアクティブなファンドは、金商法により、基本的には資産３億円以上の証明を出せないと投資することができないなどという制約が付いていることが多く、ある程度上級者向けの投資商品になるのかもしれません。

先ほど書かせていただいたプライベートバンクも、2億円以下の運用はお断りというプライベートバンクがほとんどであり、**これから資産形成を図っていこうとするのであれば、やはりオルタナ資産への投資で資産を増やすのが一番正しい戦略**だと思います。

〈仮想通貨投資について〉

この2年ほどで仮想通貨というアセットは、日本で最もメジャーなオルタナ資産になったのではないでしょうか。

仮想通貨投資でかなり儲かった人もいれば、トラブルなどで損を被ってしまった人もいて、マチマチだと思います。

投資という観点から意見を述べれば、正直僕は仮想通貨投資をおすすめしません。

歯に衣着せずに言えば、**今から仮想通貨投資を始めるというのは「秘密の法則」を自分だ**

けが知っているといった感じでももはやないでしょうし、仮想通貨が利益を生み出すロジックも特になく、みんなが買っているからという理屈だけで値段形成がなされているのだと思います。

ちなみに、僕は、ビットコインとイーサリアムだけですが、仮想通貨を保有しています。

ＩＣＯ銘柄やアルトコインは保有していません。

なぜ僕が仮想通貨を保有しているかと言いますと、仮想通貨で損も得もしたくないからです。

具体的に、僕が仮想通貨をどのように保有しているか説明しますと、**法定通貨比率と仮想通貨の流通比率が全く同じになるように仮想通貨を購入しました。**

円やドル、ユーロなどの法定通貨と、仮想通貨の流通比率が全く同じになるようにつねにポジションを取れば、仮想通貨が今後伸びたとしてもシュリンクしたとしても、その割合は変わりません。仮想通貨が値上がりするということは、法定通貨の価値が下がっているということだし、仮想通貨が値下がりするということは、その分相対的に法定通貨の価値が上がっているということになります。

僕が仮想通貨を購入しようと思った当初は、仮想通貨の流通量が法定通貨と98対2くらいの割合だったため、自分の資産の2％を仮想通貨に変更しました。

仮想通貨が今後どのような値動きをするかは、僕には全く予想できませんが、今後仮想通貨が世界のメジャーな通貨になる可能性は0ではないと思っています。

そのため、**仮想通貨が廃れても、メジャーになってもどちらでも良いように、流通比率量に応じて購入していく**（もしくは売却していく）**という戦略にした**のです。

資産比率を適時調整することをリバランスと金融業界では言いますが、2〜3年に一度このリバランスを行っていく予定です。

僕は、自分の資産比率を調整するために2〜3年に一度、この「リバランス」を行うのですが、自分の全財産を1円単位まで数えることは年に一度、必ずやっています。これをやっている人は意外と多くないというのが僕の実感です。

あなたは1円単位まで正確に自分の全財産を数えたことがありますか？

ダイエットに成功したければ体重計に毎日乗れ、と言われます。それと同じで、お金持ちになりたければ自分の全財産を1円単位まで数えろ、と言いたいと思います。

やり方はこうです。財布の中身の小銭1円単位まで、自分がいくら持っているかを数えます。ふだん持ち歩く財布にはいくら、家に置きっぱなしの小銭入れにはいくら、この口座にいくら、月々いくらの保険に入っていて、海外旅行から帰ってきてから換金せずに放ったらかしにしてあるドルがこれだけあって……、と細かく数えていきます。

最終的にはそれを円グラフにします。すると自分の資産の総額、そのうち現金が何パーセント、株が何パーセントと資産のバランスが可視化されます。そのバランスを見ながら考えるのです。現金が多いからもう少し投資に回せそうだ、現金が少なすぎるから何か利益確定できるものがあったら利確しよう、など。

だいたいダイエットに失敗するときは、体重計に乗ることがおろそかになっているときです。お金が増えないときも同様です。お金にだらしない人は、お金を数える習慣がないからだと僕は思います。

近頃お金がなかなか増えない、投資がうまくいかないと悩んでいる人は、ぜひ全財産を1円単位まで数えてみてください。お金に対する意識が変わってきます。

〈節税商品について〉

節税に関してですが、自分はかなりの節税マニアだった時期がありまして、航空機リース、中古のヘリコプターを用いた節税、コンテナ、アメリカの木造不動産、太陽光発電、保険商品などいろいろ手を出しました。

実は、日本で資産形成をしようとすると節税という概念は非常に大事になってきます。なぜなら、日本の法人税は35%程度ありますし、所得税に関しては一定の年収を超えると約半分課税されます。法人で考えても、年間35%の利回りを安定して出せる投資商品はまず無いので、実はある程度稼いでいる人達からすると利回りの良い投資商品を探すよりも節税を考えたほうが安定したリターンを手にすることができるのです。

節税は、違法性のあるものではありません。僕たちは、納税する義務は確かにありますが、節税する権利だってきちんと持っているのです。

節税に関してもある程度きちんと考えるべきではありますが、税金というものは非常によくできていまして、度が過ぎる節税は回りまわってあまり利益を生み出さないことがありますので、注意が必要です。

例えば、太陽光発電は即時償却できるというのが強みで3年ほど前からすごく流行っていましたが、太陽光発電事業で利益が出るかどうかは、節税とは全く別の問題でして、節税はできたものの、太陽光発電事業で結局儲からなかったから、あまり意味がなかったなどという話はよく聞きます。

また、それなりに金額が大きくなってくると節税対象が限られてくるという問題もありました、結局今自分が取り入れている節税対策はほとんどありません（子供が生まれた時に相続税対策をした程度）。

節税の代表的な商品に、保険商品がありますが、保険商品について簡単に説明しておきます。

僕がやっている節税対策は、さきほどの相続税対策と生命保険になります。生命保険に関しては、若干の節税要素もありますが、どちらかといえば、本当に何か自分の身にあった時の家族のためという兼ね合いが主になります。

生命保険選びに関しては、『保険会社が知られたくない生保の話』（日本経済新聞出版社）という後田亨《うしろだとおる》さんの著書が一番役に立つかと思いますが、保険というのは結局文字通り「保険」なので、自分が用意することが難しいような金額に関しての保険が最も有効に働くという趣旨の内容の本になります（300万円の貯金を優に超えている人が、300万円のガン保険に入っても、あまり意味が無いという理屈です）。

また、ここからは持論ですが、保険会社の倒産リスクは意外と高いです。保険会社が倒産し、救済会社に吸収されると、資産性のある保険は大きく価値を毀損します。

そのため、節税商品とはいえ、完全にノーリスクではないということを忘れてはいけません。

〈非上場株式投資について〉

これは、僕が最も力を入れている投資になります。15歳での起業以来、シリアルアントレプレナー（連続起業家）として自社を含めてさまざまな会社に投資をし、M&Aを行ない、それによってお金を儲けて資産を築き上げてきました。

この経験から独断と偏見をもって言えば、僕は、一番地に足のついた投資は「起業」であり、会社経営（非上場株式投資）であると思っています。

僕の前著『サクッと起業してサクッと売却する 就職でもなく自営業でもない新しい働き方』（CCCメディアハウス）にも書きましたが、起業して会社を売却することは、お金と時間の両方を手に入れるための近道でもあります。先ほどの税金の話にも少し戻りますが、税率も20％と低率です。

知り合いの会社にエンジェル投資をすることも非上場株式投資です。僕は、エンジェル投資というよりも、会社をまるごと買ってきて運営して、価値を高めてまた売却することが多いですが、これも非上場株式投資の一環です。

また、会社を買ってきたり、エンジェル投資をしたりするほどの原資が無い人は、自分で起業して非上場株式を作り出してしまうことも選択肢の一つです。原資が少ない人にとっては、自分で起業してしまうのが一番とっつきやすい非上場株式投資だと思います。

起業して会社を売却するスキルを身につけることができれば、僕たちはもっともっと、自由に生きることができるのです。

会社を売却すると、会社の仕事から解放されます。その上、当面、食うに困らない額の売却益が手に入ります。そのお金と自由な時間というリターンを使って、チャレンジしたいことをじっくり考えることができるのです。お金はじっくり考えるための旅の資金にしてもいいですし、次の目標を達成するための投資の元手にすることもできます。すべてはあなたの自由なのです。

連続起業家にとって起業は投資であり、自己実現手段である

起業して会社を売却するスキルを活かして、繰り返し起業する人のことを連続起業家（シリアルアントレプレナー）と言います。著名な方だと、メルカリの山田進太郎《やまだしんたろう》さん、キャンプファイヤーの家入一真《いえいりかずま》さんなどが挙げられるでしょう。全員、起業した会社を売却した後に、また新しい会社を立ち上げています。そして後に立ち上げた会社のほうが、最初に立ち上げた会社より大きくなっているのです。

彼らは、起業が最もシンプルかつ有効な自己実現の手段であることを理解しているからこそ、生活には困らないお金を手にしながらも再度の起業を選んでいるのだと思います。

起業し、会社を売却するのに、「崇高な理念」は必要ありません。必要なのは、自分の思い描く世界と現実の世界との間に橋を架ける作業を繰り返し、会社の価値を高めていくことです。その作業はまさに「投資」です。自分の資金、時間、労働力を総動員して投資していくのです。

投資と起業は本質的に同じです。起業は、株式で箱をつくり、その中で馬車馬のように働いて労働力を消費することではありません。

起業の本質は、自社の株式に対してリスクを負って投資をすることです。

自分の立ち上げた会社の非上場株式に投資をする株式投資です。労働はあくまでコンテンツとして楽しんでください。リターンの形はM&Aエグジットなのか、事業によって生まれた利益なのかいろいろありますが、どこかのタイミングでリターンが出てくる「投資」のひとつの形なのです。

起業は証券会社を通して株式投資するのと本質は同じです。証券会社から株を買うより、自分の会社の非上場株式に投資するほうがハイリスクな分、リターンが大きくなります。経済合理性の高い投資であると言えます。証券会社という仲介者もいないため、取り分も大きくなります。

サイバーエージェントの藤田晋《ふじたすすむ》社長のインタビュー記事「『お金どうしてるんですか?』嫌がる藤田晋に無理やり資産運用について語らせた」(https://r25.jp/article/507675171462676990)が話題になりました。読んだ方も多いのではないでしょうか。

藤田社長の投資も起業であり、会社経営です。「俺の資産なんて、ほとんどサイバーエージェント株だと思うけど」とのコメントからもそれはわかります。

ただし、自社株やスタートアップ投資だと、現金が急に必要になったからといって簡単に売るわけにいきません。そのため流動性はどうしても低くなります。個人の資産のほとんどを投資に使っていると、会社に何かあったときに自分の資産を現金に換えなければならなくなります。会社経営のような流動性の低い投資を行なう場合は、現金は現金である程度用意していなければいけないため、僕は非上場株式投資に最も力を入れている分、他のアセットは必要最低限にとどめています。

投資の世界では「キャッシュ・イズ・キング」と言われ、ここぞというときには現金が一番強いとされています。

競争相手が複数いた場合は、現金ですぐに払ってくれる人に売りたくなるのが人間の性《さが》です。新しい投資対象を見つけたときにも現金がないと投資できない場合もあります、そうなると機会損失のリスクが生まれてしまいます。投資を始める人、とくに起業を考えている人は現金もある程度は保有しておくべきです。

起業家コミュニティはメンバーで投資し合う

自分で起業したくなければ、エンジェル投資という方法もあります。起業したばかりのスタートアップ企業に投資するのです。出資してもいいし、株を買ってもかまいません。本当に原資の無い人は、その企業に労働力を提供する代わりにストックオプションをもらうという方法だってあります。

今、ミレニアル世代の富裕層たちは、このようにエンジェル投資やストックオプション、自分で起業して売却するなどの方法を一番好んでいるような気がします。

僕は１９８６年生まれで、同い年の経営者同士でかなり仲の良い関係を築いていると思います。30歳を過ぎると実績を出してきた会社経営者は目立つ存在になってきますから、目立つ者同士で知り合い、交流が深まったのです。

同じミレニアル世代の起業家同士でお互い投資をするなんてこともありますし、そういう僕の会社も、同年代の起業家何人かから投資を受けています。さきほど紹介したベンチャーキャピタルの木暮氏にも、2号ファンドから僕の会社は投資を受けています。

僕らだけでなく、もっと上の世代の経営者も仲の良い人たちで集まってコミュニティをつくっているようです。日本国内で会社経営をやっていると、小さなコミュニティがいくつも重なり合い、その中でお金や仕事が動いていることを実感します。コミュニティではお金が回るものなのです。

僕が仲良くしている経営者コミュニティでは「ちょっとお金入れさせてよ」みたいな感じで、気軽に数百万円から1千万円程度の出資をし合っています。ちょっとSNSでフォローしたり、「いいね」を押すような感覚でお互いフォローし合っているのです。

フェイスブックやツイッターのコミュニティの中で、ユーザーはいいねを押したり、お気に入りの投稿をファボったりしています。**経営者コミュニティの中だと「いいね」の代わりに「お金」が動くのです。**

僕らミレニアル世代の起業家にとっては、銀行や証券会社の割高な金融商品に投資するより、同じ起業家として頑張っている人やコミュニティにお金を託したほうが自分のお金が生きると考えますし、それを実践しています。

お金は増減が激しいものです。自分が儲かったときは友人の会社を助け、自分が困ったときは逆に助けてもらう。コミュニティは、この「友達ネットワーク」にこそ価値がありますす。だからコミュニティには金銭的価値があるのだと思います。

成功したいならコミュニティを変える

投資をやったことがない人にとって、投資は非常に難しいものに感じられるかもしれません。しかし、**投資は「ライフスタイル」です。**あまり気負いすぎず、フランクに、散歩でも

するように、投資を楽しんでほしいと思います。

労働し、消費するだけの生活を投資のライフスタイルに変えるにはいくつかコツがあります。まずはライフスタイルを変えたいなら、「コミュニティ」から変えましょう。

自分の居住する地域もコミュニティですから、引越ししてもいいのです。ツイッターでフォローする人やふだん見に行くウェブサイトをガラッと変えるのでもかまいません。もちろん、経済合理性を考えて、実際に所属しているコミュニティを変えるのもいいと思います。

コミュニティを変えるときに重視してほしいのは「人」です。**すでに成功している人がいるコミュニティに移ることです。なぜなら人は、自分の身近な人が成功しているとなると、自分にもできるかもしれないと思い始めるものだから**です。

よくあるのが、同じ経営者コミュニティのメンバーの会社が次々と上場を果たす例です。これは特別優秀な人たちばかりがコミュニティに集まっていたというより、ひとり上場する優秀な人が現れると「自分にもできるかも」「俺も頑張ろう」といって残りが本気を出し、後に続くパターンです。良い気の流れているコミュニティを選びましょう。

友人が誰であるかは投資においても、人生においても、非常に重要です。

おわりに　投資の本質は「虹」を見つけることと同義である

皆さんの中に、「虹」を見たことのある方はいらっしゃいますでしょうか？　おそらくですが、見たことが無いという方はいないかと思います。

僕は、お金持ちになるということは「虹」を見つけるようなことだと考えています。

「虹」を見る機会は、少ないかと思いますが、「虹」は条件さえ整えば、どこにでも現れます。「虹」は普段は目には見えないですが、光の反射によってどこにでも存在し得るのです。

お金もこれと同じで、パッと見渡しても見つからないですが、条件さえ整えば、あなたのすぐそばに現れてきます。

また、虹にはいくつかの特徴があり、これもお金の特徴と類似しています。

- 虹は空気中に隠れている
- 夕立後の晴れの時に虹は出やすい
- 虹が現れるのは太陽と反対の空
- 一瞬目を離すとすぐ消えてしまう

これは、そのまんまお金の性質なのです。

普段投資対象と思えないようなものの中に、儲けのタネは潜んでいます。また、みんながダメだと思い、評価がガツンと下がったときこそ投資のチャンスがあります。そして、みんなが見ている方向（太陽の方向）と反対の方向にお金は潜んでいます。また、タイミングが重要で、少し目を離すとタイミングを失ってしまうのもお金なのです。

本書では、投資に対する考え方や様々な実例を紹介させていただきましたが、僕が言いたいことをまとめると、お金を探すのは虹を探すような行為と同じだということになります。

特に、本書では、今からの時代はオルタナ資産投資だという持論をもとに、一見投資とは思えないようなものや、今投資だと認識されていないようなものが、今後社会で爆発的な価値を創出していくことになるということを説明させていただきました。

また、投資スタイルというもの自体が、まさに今、大きな変化を遂げようとしているというお話もさせていただきました。今までは、金融機関が作り上げてきた金融商品がメインの投資対象でしたが、これからは投資対象だとみんながまだ思っていないもの（オルタナ資産）を見つけて、投資していく時代です。

本書を読みながら、今の自分の場合はどうだろうかとか、自分はどのように投資を始めようかということを考え、頭がパンクしそうになっている方もいらっしゃるかもしれません。

色々考えすぎて、逆に不安になってしまった方もいるかもしれません。

しかし、その不安こそが正しい感覚であるのです。

労働という、一種の麻薬のようなものに感覚を奪われ、お金に対する不安を麻痺させられていたとしたら、その不安感を抱けたことこそが、あなたが正常な感覚に戻った証拠なのです。

今の投資の変化は非常に大きいがゆえに、変化のスピードはゆっくりに感じます。でも、それは本当にゆっくりであるというわけではありません。

あまりにも大きな変化であるがゆえに、ゆっくりに見えているだけなのです。

この、変化していく時代の中で必要なものは、視点の切り替えだけです。

「これからの時代、投資家として生きていかなければならないのだ」と視点を切り替えることが、この時代を自由に生きるための第一歩です。言い換えると、「お金持ちになるための決意」ともとれます。

投資家としての生き方は、誰かの敷いたレールに沿って生きることではありません。コミュニティは大切にしつつも、少し人と変わった視点や、異なった行動をとっていくことで、本当にあなたらしい、自分の人生を歩いていくことができるのです。

投資家としての生き方を選ぶかどうか、お金持ちになるのかどうか、決めるのはあなたです。実際に、本書で僕が述べたことだけが正解だとも思っていません。僕はこのように考えて生きてきているということを長々とお話しさせていただいたつもりです。

起業してから早くも17年がたとうとしていますが、なぜ自分は起業という道を選んだのか。なぜ自分は会社を買ったり売ったりを繰り返してきているのか。なぜ自分はpedia salonというコミュニティを運営しているのか……。

こんな人生を歩んできている自分を振り返って、自分なりの考え方や哲学があることに気が付き、これをみなさんと共有したくて本書を書きました。

この本を読んで、自分の生き方を変えようと思った。悩んでいたことに決心がついたなどと言っていただける方がいらっしゃれば、著者としてこれほどうれしいことはありません。

不確定な未来を僕と一緒に進んでいきたいという方がもしいらっしゃるのであれば、pedia salonというコミュニティを一度覗いてみてください。

また、最後になりましたが、本書を書くにあたって星海社新書の岡村さん、pedia salonのメンバーの皆様、尊敬する同年代起業家の皆様、いつも自分を支えてくれている妻、息子など、挙げればきりがありませんが、いつもいつも本当にありがとうございます。心より感謝申し上げます。

どうぞ皆さま、今後ともよろしくお願いいたします。

2018年5月　正田圭

星海社新書134

この時代《じだい》に投資家《とうしか》になるということ

二〇一八年 六 月二五日 第 一 刷発行

著　　者　正田《まさだ》圭《けい》

発 行 者　藤崎《ふじさき》隆《たかし》・太田《おおた》克史《かつし》

編集担当　岡村《おかむら》邦寛《くにひろ》

構　　成　横山《よこやま》瑠美《るみ》

発 行 所　株式会社星海社
〒一一二-〇〇一三
東京都文京区音羽一-一七-一四 音羽YKビル四階
電　話　〇三-六九〇二-一七三〇
FAX　〇三-六九〇二-一七三一
http://www.seikaisha.co.jp/

発 売 元　株式会社講談社
〒一一二-八〇〇一
東京都文京区音羽二-一二-二一
(販 売) 〇三-五三九五-五八一七
(業 務) 〇三-五三九五-三六一五

印 刷 所　凸版印刷株式会社

製 本 所　株式会社国宝社

アートディレクター　吉岡《よしおか》秀典《ひでのり》(セプテンバーカウボーイ)

デ ザ イ ナ ー　山田《やまだ》知子《ともこ》(チコルズ)

フォントディレクター　紺野《こんの》慎一《しんいち》

校　　閲　鷗来堂《おうらいどう》

ISBN978-4-06-511998-3
Printed in Japan

134
SEIKAISHA SHINSHO

次世代による次世代のための

武器としての教養
星海社新書

星海社新書は、困難な時代にあっても前向きに自分の人生を切り開いていこうとする次世代の人間に向けて、ここに創刊いたします。本の力を思いきり信じて、みなさんと一緒に新しい時代の新しい価値観を創っていきたい。若い力で、世界を変えていきたいのです。

本には、その力があります。読者であるあなたが、そこから何かを読み取り、それを自らの血肉にすることができれば、一冊の本の存在によって、あなたの人生は一瞬にして変わってしまうでしょう。思考が変われば行動が変わり、行動が変われば生き方が変わります。著者をはじめ、本作りに関わる多くの人の想いがそのまま形となった、文化的遺伝子としての本には、大げさではなく、それだけの力が宿っていると思うのです。

沈下していく地盤の上で、他のみんなと一緒に身動きが取れないまま、大きな穴へと落ちていくのか？　それとも、重力に逆らって立ち上がり、前を向いて最前線で戦っていくことを選ぶのか？

星海社新書の目的は、戦うことを選んだ次世代の仲間たちに「武器としての教養」をくばることです。知的好奇心を満たすだけでなく、自らの力で未来を切り開いていくための〝武器〟としても使える知のかたちを、シリーズとしてまとめていきたいと思います。

2011年9月

星海社新書初代編集長　柿内芳文

SEIKAISHA
SHINSHO